ReliBausteine 3

Michael Landgraf

Bibel

Einführung – Orientierungshilfen – Kreativideen

Calwer – EPV – RPE
Speyer und Stuttgart 2006

Relibausteine 3 – Bibel

ISBN 10: 3-7668-3922-5 (Calwer)
ISBN 13: 978-3-7668-3922-0 (Calwer)

ISBN 10: 3-939512-00-1 (epv)
ISBN 13: 978-3-939512-00-4 (epv)

ISBN 10: 3-938356-12-X (RPE)
ISBN 13: 978-3-938356-12-8 (RPE)

Satz: Evangelischer Presseverlag Pfalz GmbH, Speyer
Umschlaggestaltung: Karin Sauerbier, Stuttgart
Druck und Verarbeitung: Progressdruck GmbH, Speyer
Internet: www.calwer.com
www.presseverlag-pfalz.de
E-Mail: info@calwer.com
verlag@evpfalz.de

Inhaltsübersicht ReliBausteine Bibel

I. Einführung

"WIR MÜSSEN MAL MIT IHM ZUM KINDERPSYCHOLOGEN."

„Ich lese jeden Tag in der Bibel."
Mit diesem erstaunlichen Bekenntnis überraschte der Kabarettist Hanns Dieter Hüsch einst sein Publikum. Er folgert:
„Die Bibel ist mehr als ein Buch."

Die Bibel jeden Tag zu lesen oder die Einsicht, dass die Bibel mehr sein kann – dies scheint mehr und mehr eine ungewohnte Einsicht. Zwar gehört die Bibel unhinterfragt zu den Kulturgütern des Abendlandes, doch nimmt die Bibellektüre und Bibelkenntnis dramatisch ab. Dies zeigt eine Umfrage des Umfrageinstituts Allensbach (2005). So gaben 62 % der Befragten an, nie, 25 % selten die Bibel zu lesen. War noch für den klerikal unbelasteten Schriftsteller Bertolt Brecht die Bibel sein Lieblingsbuch und „Urgrund des Sprachgefühls", so scheint selbst diese literarische Bedeutung kaum mehr wahrgenommen zu werden. Unter den Jüngeren gibt es eine kleine Gruppe von 7 % der Befragten, die sich zur Bibellektüre bekannten. Müssen die sich nicht als kleine, merkwürdig beäugte Minderheit fühlen, wie es der Karikaturist (Bild oben) visionär schon vor Jahren beschrieb?
Ergebnis der abnehmenden Bibelkenntnis jedenfalls ist ein Verlust an Sicherheit im Umgang mit kulturellen Traditionen und gelebtem Glauben.

Bibel als Kulturgut:
Der Verlust an kulturellem Vermögen hat zur Folge, dass Spuren der biblischen Botschaft und ihren Grundgeschichten, die überall in unserer Kultur vorhanden sind, nicht mehr zugeordnet werden können. In literarischer Tradition, im Stadtbild bis hin zur Werbung oder in Popsongs finden sich Bezüge zu biblischen Geschichten. Die Ergebnisse von Allensbach zeigen, dass selbst gängige Grundgeschichten nicht mehr vorausgesetzt werden können. Zwar kennen über 80 % der Befragten die Weihnachtsgeschichte, allerdings als Zusammenschau von Lukas, Matthäus und der viele Jahrhunderte wirkenden Krippentradition. Weniger als 50 % der Jugendlichen können etwas mit dem Turmbau zu Babel, einem „Salomonischen Urteil" oder sogar dem Klassiker religiöser Erziehung, dem verlorenen Sohn, verbinden.

Bibel als Glaubensgrundlage:
Neben dem Verlust an kultureller Sicherheit ist der Verlust an Kompetenz im Umgang mit Glaubensgrundlagen der eigenen Religion problematisch. Das Erlernen der Sicherheit im Umgang mit den heiligen Schriften gehört zum Kriterium einer religiösen Bildung in den großen Weltreligionen. Doch während es uns, im Gegenüber zu Muslimen und Juden, durch die mögliche Verwendung einer Heiligen Schrift in der eigenen Sprache leichter gemacht wird, gibt es deutlich größere Defizite in der Sicherheit im Umgang. Mag man auch noch so sehr über das Trainingsprogramm muslimischer Kinder die Nase rümpfen – die Hemmschwelle für Kinder aus anderen religiösen Traditionen, ihre Heilige Schrift in die Hand zu nehmen, liegt deutlich niedriger.

Daran schließt sich die Frage nach der Kompetenzvermittlung im Umgang mit der Schrift an. Es war eine der Grundüberzeugungen der Reformation, im Sinne des „Priestertums aller Gläubigen", die Menschen mit der Bibel vertraut zu machen. Daher wurden Kinder früh schon unterwiesen, Schulen eingerichtet und der Konfirmandenunterricht eingeführt. Hieran gilt es anzuknüpfen und Wege aufzuzeigen, wie Lernende an die Bibel herangeführt werden können.

Die hier vorliegende Einführung soll für eine breite Gruppe von Menschen eine Hilfe zum Einstieg in die Bibel sein. So können die Materialien in Schule, Konfirmanden- und Jugendarbeit, aber auch in der Erwachsenenbildung, der Gemeindearbeit bis hin zum Studium und zur Vorbereitung für Lehrende eine Hilfe sein.

Ziel ist es, offene Bausteine zu bieten, die in den Hintergrund und in den Umgang mit der Bibel einführen.

Der Entwurf knüpft dabei an allgemeine Zugänge und Vor-Erfahrungen der Lernenden an. Die Spurensuche umfasst dabei biblische Spuren in der Lebenswelt bis hin zur Popkultur.

Um mit der Bibel umgehen zu können, ist ein nächster Schritt erforderlich, bei dem es in erster Linie um die Beantwortung der Frage geht: Ich habe jetzt ein Buch in der Hand – was fange ich damit an?

Darüber hinaus gibt es Hilfen für die persönliche Bibellese und ein selbstständiges Erzählen biblischer Geschichten. Schließlich wird Einblick in verschiedene Auslegungsmöglichkeiten der Bibel gegeben.

Um einen kompetenten Umgang mit der Bibel zu ermöglichen, gibt es ein Angebot zur Auseinandersetzung mit biblischen Gattungen und Sprachformen, das gruppenteilig oder als Stationenarbeit angeboten werden kann.

Dass die Bibel „Motive" in sich birgt, die die gesamte Heilige Schrift durchziehen, hat Gerd Theißen elementarisierend dargestellt. Die Bausteine versuchen, solche Grundmotive biblischer Theologie zu beleuchten und damit einen Überblick über die Botschaft der Bibel zu geben.

Einen Einblick in das Werden der Bibel und in deren prägenden Einfluss auf Kultur und religiöse Wurzeln unserer Gesellschaft, gibt der Ausflug in die Geschichte, der in der Ausführlichkeit besonders in der Arbeit mit älteren Lernenden seinen Ort haben dürfte. Er macht deutlich, dass die Bibel nicht nur einen langen Weg hinter sich, sondern auch einen langen Weg vor sich hat.

Als Wege der Orientierung bietet der Entwurf Bausteine an, wie man sich mit der Bibel auf einer Meta-Ebene auseinander setzen kann.

Am Ende finden sich Anregungen zum kreativen Umgang mit der Bibel. Ob die kalligrafische Gestaltung von Bibeltexten, die kreative Umsetzung in Musik oder Kunst – der Umgang mit der Bibel darf ideenreich sein und Spaß machen.

Allerdings sind einem Einführungskurs auch Grenzen gesetzt. Der Mehr-Wert der Bibel kann sicher kaum im Unterricht oder an Abenden in der Erwachsenenbildung vermittelt werden. Die Bibel in ihrer Vielfalt und Tiefe wahrzunehmen – dazu muss es nach dem Kurs weitergehen, müssen biblische Texte zum Wirken gebracht, biblische Biografien reflektiert und auf das eigene Leben bezogen werden. Die vorliegenden Bausteine versuchen aber, den Blick für die Bibel zu öffnen.

Die Botschaft der Bibel ist dialogisch, nicht monologisch angelegt. Die Bibel ist durchdrungen vom Dialog Gottes mit dem Menschen und des Menschen mit Gott. So kommt es schließlich darauf an, dass der dialogische Charakter der Bibel deutlich wird und dass man Mut bekommt, sich auf einen Dialog mit Gottes Wort einzulassen. Letztlich ist das Ziel dieser Einführung in die Bibel, dass diese zu einem vertrauten Gesprächspartner wird – einer, der uns die Botschaft des menschenfreundlichen Gottes vor Augen führt, uns infrage stellt, aber auch, wie Martin Luther dies einmal sagte, zu einem Freund werden kann.

Danken möchte ich den Verlagen Calwer – EPV – RPE und den Verlagsleitern Wolfgang Schumacher und Berthold Brohm dafür, dass die Reihe ReliBausteine nun in Kooperation weitergeführt und auf eine breitere Basis gestellt wird. Für die kritische Lektüre des Entwurfs danke ich besonders Peter Müller, Karlsruhe, Peter Busch, Landau, und Bettina Lukasczyk, Kusel.

Neustadt an der Weinstr., 2006
Michael Landgraf

Zielbestimmung ReliBausteine Bibel

1. Grobqualifikationen

Lernende sollen ...

... Spuren der Bibel in der Lebenswelt und Kultur wahrnehmen können.

... in der Lage sein, mit der Bibel in der Hand umzugehen und Texte zu elementarisieren.

... mit der Entstehung und dem langen Weg der Bibel vertraut sein.

... Textgattungen und Grundmotive der Bibel einordnen können.

... sich mit der Einschätzung der Bibel als Zeugnis einer Gottesbegegnung und als Offenbarung von Gottes Willen auseinander setzen können.

... die Bibel als Hilfe zur Orientierung entdecken.

2. Zielsetzungen und Qualifikationen in den Schwerpunkten

Lernschwerpunkt	Intention	Qualifikation
I. Zugänge	**Öffnen und wahrnehmen** o Voreinstellungen zur Bibel klären o Spuren der Bibel im eigenen Umfeld und in unserer Kultur vergegenwärtigen	o Reflexionsfähigkeit über eigene Vorprägungen o Wahrnehmungsfähigkeit im Blick auf religiöse Traditionen
II. Entdeckungen	**Kennen und sich auseinander setzen** o Sich in der Bibel orientieren können o Bibel lesen und wiedergeben können o Formen biblischer Rede unterscheiden können o Grundlegende Erzählkomplexe und Grundmotive der Bibel kennen o Den Weg der Bibel als mündliche und schriftliche Überlieferung erlebter Gotteserfahrungen kennen und sich der Probleme der Tradierung biblischer Texte bewusst werden o Die Bedeutung der Bibel für unsere Kultur erschließen können	o Zitierfähigkeit o Fähigkeit zur Elementarisierung biblischer Texte und Kernaussagenerschließung o Fähigkeit, biblische Textgattungen zu unterscheiden o Fähigkeit zur Auseinandersetzung mit Geschichte und Gegenwart der Bibel o Fähigkeit zur Wahrnehmung des Lebensgefühls von Menschen zu anderen Zeiten und des Tradierungsprozesses
III. Orientierung	**Orientierungspunkte und Handlungsperspektiven reflektieren** o Relevanz und Aktualität der Bibel für den Einzelnen reflektieren o Einen kreativen Umgang mit der Bibel und ihrer Botschaft entdecken	o Reflexionsfähigkeit zur Bedeutung der biblischen Botschaft für das Leben o Fähigkeit, biblische Texte kreativ zu gestalten

Bibeldidaktische Anmerkungen

Blick in die Geschichte der Bibel in der religionspädagogischen Praxis

Die Bibel war früh schon ein zentraler Gegenstand religiöser Bildung. Das Christentum wurzelt im Judentum, einer Schriftreligion. **Jesus und Paulus** kamen beide aus dieser jüdischen Tradition und lernten die intensive Auseinandersetzung mit der Heiligen Schrift kennen. Die Geschichte vom zwölfjährigen Jesus im Tempel (Lk 2, 21ff.) zeigt ihn schon in jungen Jahren als Kenner der heiligen Schriften.

Jesus lehret im Tempel.
Luc. II. Cap.

Auch von Paulus wird berichtet, dass er vor seiner Bekehrung ein eifernder Schriftgelehrter war. So liegt es nahe, dass wohl schon in den Anfängen des Christentums die heiligen Schriften der Juden Gegenstand des Lernens waren.

In den ersten Jahrhunderten wurde besonders danach gefragt, welche Verbindungen es zwischen den heiligen Schriften des Judentums und den Texten gibt, die vom Wirken des Messias Jesus berichten. Es gab Strömungen, die eine Beseitigung der alttestamentlichen Schriften aus einem christlichen Kanon und damit aus der Lehre forderten. Die Kanonbildung im 4. Jh. setzte dem ein Ende: Trotzdem tauchte auch später immer wieder die Forderung auf, dass alttestamentliche Elemente in der Heiligen Schrift der Christen keinen Platz hätten. Durchgesetzt hat sich, dass Altes und Neues Testament eine Einheit und damit vollständig Gegenstand eines Unterrichts sind.

Wie genau man sich die Anfänge des Bemühens um die Bibel in der religionspäda-

gogischen Praxis vorzustellen hat, lässt sich kaum nachvollziehen. Es wurden aber schon früh **biblische Stoffe nach bestimmten Kriterien** ausgewählt:

Die Vorschriften für **Klosterschulen** im fränkischen Reich („admonitio generalis", 789) legten das **Kriterium der liturgischen Verwendung** zugrunde und schrieben die **Psalmen** als biblischen Stoff vor. Sie waren Grundtexte für liturgische Gesänge und wurden auswendig gelernt. Es ist vorauszusetzen, dass auch andere biblische Geschichten gelehrt und zentrale Texte, wie das Vaterunser oder der Dekalog, in einen Unterricht eingebunden waren. In städtischen Lateinschulen seit dem 12. Jh. spielten das Vaterunser, der Dekalog und die Sprüche Salomos eine wichtige Rolle. Gerade diese Texte legen ein **Kriterium der ethischen Verwendung** nahe, da durch sie Verhaltensnormen biblisch begründet werden konnten. In der Reformationszeit bekam das **Kriterium der Bekanntheit** eines Textes wie das Vaterunser hinzu. Mit einem bekannten Text lässt sich besser lesen und schreiben lernen. Anhand von Einzeldrucken wie dem **Abecedarium** (Abbildung) konnte man mit dem Vaterunser Lesen lernen.

Philipp Melanchthons weit verbreitetes Schulbuch „Enchiridion elementarum puerilium" (Latein: 1523; Deutsch: 1529) hatte zum Inhalt das ABC und eine Grammatik, das Avemaria, das Apostolicum, Lieder, Gebete, das Vaterunser, den Psalm 66, 2–8, den Dekalog, die Bergpredigt, Römer 12, Johannes 13 und Sprüche.

Durch die Reformation kam die Bibel neu in den Blick. Das Prinzip **Sola scriptura** war nicht nur eine allgemeine Formel. In ihr spiegelt sich die Erkenntnis, dass ein neues Kriterum **der Verwendung der Bibel als Lebens- und Glaubensbuch** hier schon begründet liegt. Die Schrift, nicht die kirchlichen Traditionen, sollte alleinige Glaubensgrundlage sein. Doch die Bibel in den Händen von Menschen, besonders in den Händen von Kindern, das war kaum vorstellbar. Eine Lesefähigkeit breiter Bevölkerungsschichten war noch nicht vorhanden und eine gedruckte Bibel war viel zu teuer, kostete sie doch ungebunden den Preis des Jahresgehaltes eines Schulmeisters. Dazu kam die Einstellung, dass die biblische Botschaft primär durch die Predigt vermittelt werden sollte, ja dass die Predigt Gottes Wort wiedergibt (so Heinrich Bullinger, Zweites Helvetisches Bekenntnis). So kam es, dass zwar die alte Interpretationsherrschaft über die Bibel abgeschafft wurde, aber eine neue, nämlich die der Kanzelprediger, drohte. Allerdings gibt es Hinweise, dass gerade im schulischen Bereich die **Bibel als Lese- und Lebensbuch** eine Rolle spielte. So soll nach der Homberger Kirchenordnung (1526) zu Beginn und am Ende des Unterrichts aus der Bibel vorgelesen werden. Melanchthon empfiehlt 1528 die kursorische Bibellektüre von Matthäus und der Timotheusbriefe. Diese Tradition greift der Pietismus im 17. und 18. Jh. auf, beispielsweise die Franckesche Anstalt in Halle (Waisenhaus und Schule), die Melanchthons Empfehlung bis ins 19. Jh. fortführt. In dieser Zeit kam auch **das Kriterium** auf, die **Bibel als persönliche Antwort Gottes an den Einzelnen** zu begreifen. So wurde auf eine persönliche Bibellektüre hingearbeitet, indem man die Bibelherstellung, Verbreitung und die Lesekompetenz förderte. Allerdings gab es, als die Bibellektüre in der Schule angekommen war, auch einige Merkwürdigkeiten. Schnellaufschlagübungen im Unterricht wurden als Attraktion im Gottesdienst wiederholt. An Schulen fanden Bibellesekurse statt. Man las acht Monate lang die Bibel ohne Kommentar laut vor, um dann wieder von vorne anzufangen. Bibellesen wurde so zur Schnelllleseübung, eine Auseinandersetzung mit dem Inhalt konnte so kaum stattfinden.

Eine besondere Rolle spielten **bebilderte Bibeln, Bilderbibeln mit Kurztexten und schließlich „Biblische Geschichten" oder „Biblische Historien"**. Sie waren Auswahlbibeln und boten einen **grundlegenden Überblick über wichtige biblische Texte**. Diese waren als Bilderbuch des Glaubens entfaltet. Dabei spiegelt das biblische Geschehen die Gegenwart. Schon im Spätmittelalter gab es **Armenbibeln** (Biblia Pauperum) zur Unterweisung (S. 131). Auch frühe Bibeldrucke und Lutherbibeln wiesen Holzschnitte aus, die auch für den Leseunkundigen die Bibel zu einem Lehrbuch machten (S. 134). Es gab auch erste rein pädagogisch verwendete Bilderbibeln mit einem kurzen Text in Deutsch und Latein, wie die handliche Beham-Bilderbibel (Frankfurt 1534, Bild) zeigt.

Posuit Deus Adam in paradiso uoluptatis, Interdicens illi edere de ligno scientiæ boni & mali. Gen. 2.

Gott setzet den menschen ins paradiß/ erlaubt jm alles/ on allein von dem baum der erkentnus gutes vnd böses zu essen. Gen. 2.

Immisit

In nächsten zwei Jahrhunderten entstanden weitere Bilderbibeln mit Versen, oft von bekannten Künstlern der Zeit gestaltet. Als **Kriterium** lag hier oft die **moralische Verwendung** wie bei der in Straßburg entstandenen „Leien Bibel für einfache Leien, Jugend, Maler und Bildwürker" (1540). Hierin wurden Bilder und in Reimen verfasste moralische Inhalte der Bibel dargestellt. Biblische Vorbilder stellt schon 1527 das in Lateinschulen verwendete „Heldenbüchlein" (1527) von Otto Braunfels dar.

Im Jahr 1714 erschien mit **Johann Hübners „Zwei mal zwei und fünfzig auserlesene Biblische Historien"** das erste verbreitete Schulbuch mit biblischen Geschichten. Es bot eine Zwischenlösung zwischen der eigenen Lektüre der Bibel oder dem Vortrag biblischer Geschichten durch Lehrende. In einem Dreischritt wurden „deutliche Fragen", „nützliche Lehren" und „gottselige Gedanken" der Textübertragung beigefügt.

Zwischen 1714 und 1902 wurde Hübners Entwurf über 40 Mal bearbeitet und in viele Sprachen übersetzt. So schuf Hübner die prägende Lernbibel für knapp 200 Jahre.

Im 19. Jh. versuchten sich 20 Autoren allein im protestantischen Lager an „Biblischen Geschichten", die entweder von der Erweckungsbewegung oder vom Rationalismus geprägt waren. Den Unterschied merkte man an den Fragen und Antworten. Kritiker dieser Bibelübertragungen bemängelten besonders die Auswahl, die Sprache, die Moralisierung und die Charakterisierung biblischer Personen. Dennoch blieben „Biblische Geschichten" bis in die Zeit nach den Weltkriegen in Gebrauch, zumeist ausgestattet mit den Bildern von Julius Schnorr von Carolsfeld. Im Zuge des biblischen Unterrichts der **„Evangelischen Unterweisung"** setzten Bücher wie das „Schild des Glaubens" von Jörg Erb mit den Bildern von Paula Jordan diese Tradition auf ähnliche Weise fort (Bilder S. 29f.). Der Text war eine freie Erzählung, angelehnt an den Luthertext. Das Buch bot keine methodischen Hilfen, sondern war als Instrument der Verkündigung im Religionsunterricht gedacht.

War die direkte kritische (= untersuchende) Auseinandersetzung mit dem Bibeltext im 19. Jh. ideologisch noch unerwünscht, setzte sich diese mit der didaktischen Wende in den 1960ern und dem **hermeneutischen Religionsunterricht** durch. Man wollte der bisherigen Verzweckung der Bibel entgegenwirken. Dafür verzichtete man auf ein Überblickswissen, wie es bisher die „Biblischen Geschichten" boten. Der folgende **problemorientierte Religionsunterricht** setzte biblische Texte primär zu persönlichen und gesellschaftlichen Problemen in Beziehung. Immer stärker orientierte man sich seither an der Lebenswelt der Lernenden, bis dass die Bibel in Lehrplänen der 1990er Jahre vielfach nur noch als Sammlung von Einzelversen zu allgemeinen Fragestellungen zu Rate gezogen wurde. Parallel dazu gab es auch gesellschaftlich den Trend, die Bibel aus dem Blick zu verlieren, was zur Folge hatte, dass das Bibelwissen dramatisch abnahm.

Die Bibel in der religionspädagogischen Praxis seit den 1960er Jahren

Im 20. Jahrhundert stellte sich kontinuierlich die Frage nach einem didaktischen Orientierungspunkt. Dabei lassen sich folgende Schwerpunkte feststellen:

das Kennenlernen einer Auswahl biblischer Inhalte:	**Inhaltsorientierung**
das gesetzte Lernziel zum biblischen Inhalt:	**Lernzielorientierung**
das Schülerinteresse am biblischen Inhalt:	**Schülerorientierung**
der Umgang mit den biblischen Texten:	**Kompetenzorientierung**

Während das Kennenlernen biblischer Inhalte bis in die 1960er Jahre über die Lektüre von Nacherzählungen mit Hilfsfragen geleistet wurde, versuchte die Lernzielorientierung in den folgenden Jahrzehnten die Situation des Unterrichts in den Blick zu nehmen. Die Entdeckung des Schülers war hier zwar schon angelegt, aber nicht konsequent weitergedacht. So kam seit den 1980er Jahren die Schülerorientierung als zentraler Orientierungspunkt in den Blick. Spätestens durch den PISA-Schock wurde Ende der 1990er die Frage nach Standards virulent, die im religionspädagogischen Bereich inzwischen vielfach auf der Ebene der Kompetenzorientierung diskutiert wird. Hierbei wird die Frage gestellt, wie Heranwachsende den Umgang mit biblischen Geschichten und Texten erlernen können.

Offen bleibt, wie man mit einer postulierten Eigendynamik biblischer Texte umgeht. Daher sollte als fünfter, bisher noch nicht überzeugend umgesetzter Orientierungspunkt, eine **Bibelorientierung** genannt werden.

Die Situation der Bibeldidaktik zeigt eine gewisse Aporie. Je nach didaktischem Orientierungspunkt werden andere in den Hintergrund gedrängt. So muss die Frage gestellt werden, ob nicht ein Interdependenzmodell notwendig ist, bei dem folgendes Beziehungsgeflecht entwickelt wird:

Mensch	Lehrende und Lernende mit ihren Vorkenntnissen im gesellschaftlichen Umfeld
Inhalt	Elementarisierte biblische Botschaft, die vermittelt werden soll
Intention	Zielgerichtet formulierte Verwendungskriterien
Kompetenz	Intendierte Fähigkeiten und Fertigkeiten, mit biblischen Texten umzugehen
Bibel	Eigendynamik der biblischen Texte

Nachdem besonders die ersten vier Orientierungspunkte in der Religionspädagogik in den letzten Jahrzehnten eine besondere Rolle spielten, lässt sich fragen, ob und wie eine „Bibelorientierung" aussehen könnte. Zwei aktuelle bibeldidaktische Entwürfe bringen je auf ihre Weise diesen Orientierungspunkt ins Spiel:

Horst Klaus Berg

Berg sucht die Auseinandersetzung mit biblischen Texten, der Erfahrungswelt der Jungendlichen und der Handlungsperspektive. Zusätzlich möchte er den Blick für die religiöse Bilderwelt als „Schlüssel zur Welt des Glaubens" öffnen. Dabei legt er inhaltliche Schwerpunkte der Bibel fest:

- **Schöpfung:** der Mensch in der Welt

- **Exodus:** die befreiende Kraft Gottes

- **Prophetie:** die kritische Instanz

- **Gottesherrschaft:** der hoffnungsvolle Blick

> Im Religionsunterricht sind die biblischen Inhalte so auszuwählen, dass junge Menschen ihre kritische und befreiende Dynamik und die in ihnen aufbewahrte Hoffnungskraft erkennen und annehmen können; junge Menschen sind zur kritischen Analyse ihres Lebens und ihrer Welt zu befähigen, damit sie die befreienden Impulse der biblischen Überlieferung als eine ihnen zugedachte Chance zur Veränderung erkennen und annehmen können

Über bibelorientierte Problemerschließung und problemorientierte Texterschließung sucht Berg der Instrumentalisierung von biblischen Texten entgegenzuwirken. Positiv ist dabei hervorzuheben, dass er sich bemüht, Lebenswelt und biblische Texte aufeinander zu beziehen und einen öffnenden Blick in die Bibel zu bieten. Dadurch wird zugleich Sicherheit im Umgang mit biblischen Texten und existentiellen Erfahrungen ermöglicht. So soll die Bibel ein auf das Leben bezogenes Buch werden. Allerdings steht das Auswahlkriterium für biblische Texte und Geschichten unter dem Vorzeichen der Inhalte, die Berg festlegt. Dies wird auch in seiner Definition von Bibeldidaktik (Kasten) deutlich, die zentral für das Verständnis seiner Bibeldidaktik ist (Bibeldidaktik, S.10). Hier wird deutlich: Seine Auswahl richtet sich nach systematischen Kriterien, orientiert an den „jungen Menschen".

Dies lässt fragen, ob hier nicht ein Eigenleben biblischer Texte durch diese Festlegung zu sehr eingeengt wird. Dennoch zeichnen sich gerade Bergs bibeldidaktische Werke durch das Bemühen aus, gerade diese Eigendynamik biblischer Texte ernst zu nehmen.

Gerd Theißen

Der Heidelberger Neutestamentler Gerd Theißen entwirft in seinem Buch „Zur Bibel motivieren" eine „offene" Bibeldidaktik. Theißen hebt die kirchliche, gesellschaftliche und private Relevanz der Bibel hervor. Auch er versucht eine Definition zur Bibeldidaktik wie Berg, doch entscheidend ist bei ihm der Versuch, die Inhalte der Bibel zu elementarisieren (Kasten). Theißen erkennt so etwas wie einen **Geist der Bibel**, der sich in zwei Grundaxiomen und 14 Grundmotiven zeigt. Das Ganze wird als ein offenes „Regelgefüge mit Überschneidungen und Berührungen, einem Mobile vergleichbar, das immer in Bewegung ist und doch eine verborgene Struktur enthält" (S. 139), dargestellt. Damit soll das „Fundamentale" in der Bibel herausgearbeitet werden.

Grundaxiome:
Monotheismus
Erlöserglaube
Grundmotive:
Positionswechselmotiv
Rechtfertigungsmotiv
Gerichtsmotiv
Agapemotiv
Glaubensmotiv
Einwohnungsmotiv
Stellvertretungsmotiv
Exodusmotiv
Umkehrmotiv
Hoffnungsmotiv
Entfremdungsmotiv
Wundermotiv
Weisheitsmotiv
Schöpfungsmotiv

Die Grundmotive erscheinen Theißen übergreifend und in vielen Schriften der Bibel begegnend. Mit ihrer Hilfe können Texte analysiert und überprüft werden. Als Problem ergibt sich auch hier, dass die Auswahl der Grundmotive aufgrund von systematisch-theologischen Kriterien erfolgt. Die Grundaxiome sind als hermeneutischer Schlüssel vorgeschaltet. Auch einen „Geist der Bibel" zu erfassen ist nicht unproblematisch. Dennoch ist das Bemühen, die Bibel als Ganzes wahrzunehmen und Grundlinien elementarisiert nachzuzeichnen, als positiv hervorzuheben.

Die Bibel und die Welt der Lernenden

Die Entwicklung der Religionspädagogik hat gezeigt, dass aktuelle didaktische Konzeptionen die Frage nach den Bedingungen und Voraussetzungen der Lernenden und die Lehrenden im Zentrum haben. Wenn man die **Lebenswelt der Lernenden** nicht kennt, gelingt heute kaum eine Vermittlung. So genügt es nicht allein darüber zu klagen, dass die Bibellektüre und ein „Bibelwissen" stetig abnimmt oder dass Lehrpläne zu wenige biblische Inhalte vorschreiben. Dass die Bibel besonders von vielen Jugendlichen als Buch alter, kranker Leute eingeschätzt wird, ist schon lange bekannt. Auch dass ein moderner Religionsunterricht problem- und handlungsorientiert sein muss, um die Schüler zu erreichen, ist kaum mehr ernsthaft in Zweifel zu ziehen.

Wichtig ist hierbei, die gesamtgesellschaftliche Entwicklung in den Blick zu nehmen. Spätestens seit der EKD-Denkschrift „Identität und Verständigung" (1993) wurde der Begriff „Traditionsabbruch" geprägt. Er beschreibt die grundlegenden Veränderungen im Umgang mit der Bibel und bringt den gesellschaftlichen Kontext und den Zusammenhang mit dem Elternhaus ins Spiel. Er macht deutlich: Wenn biblische Geschichten zu Hause oder im Alltag keine Rolle mehr

spielen, wie können sie dann später wirken? Andererseits kommt man dann doch irgendwie mit biblischen Geschichten, Bildern oder Symbolen in Berührung: Paradies, Mose mit den Geboten, die Umarmung von Vater und Sohn – in der Kunst bis hin zur Werbung sind solche Bilder präsent.

Im Gegenzug lässt sich fragen, ob nicht gerade die biblischen Grundgeschichten angesichts der Herausforderungen, vor denen Jugendliche stehen, eine Hilfe sein können. Hierzu einige Beispiele:

- Jugendliche müssen bei der Suche nach Identität zwischen Konformität und Individualität einen eigenen Weg finden. In dieser Spannung stehen auch biblische Geschichten, die diese zur Sprache bringen und so eine Hilfe zur Verbalisierung dieser Spannung sein können.
- Die Pluralität und Schnelligkeit der Mediengesellschaft prägen Lese- und Sehgewohnheiten. Es stellt sich die Frage, ob nicht gerade eine Konzentration auf einen biblischen Text einen Kontrapunkt gegen die Schnelligkeit und Informationsflut bieten kann.
- Die Umwelt unserer Heranwachsenden ist die Erlebnisgesellschaft. „Langweilig"

gilt als ein „Killerargument". Es stellt sich die Frage, inwiefern biblische Texte nicht auch hier Spannung bieten können. Gerade die aus der Erzähltradition stammenden biblischen Geschichten haben sich aufgrund ihres spannenden Erzählkerns über Jahrhunderte tradiert.

- Jugendliche leben in einem von Säkularisierung geprägten Umfeld. Sie erleben eine Abkehr von institutionalisierter Religion. Gleichzeitig erleben sie eine Suche nach religiöser Orientierung und eine Spiritualisierung der Welt. Sie finden Formen des Synkretismus auch in ihren Jugendkulturen vor, bei denen biblische Motive ihren Ort haben. Hier macht es Sinn, biblische Motive in der Alltagskultur zu suchen und sie als Anlass zu nehmen, sich intensiver mit den biblischen Texten zu beschäftigen.

Die Frage nach dem **Schnittpunkt zwischen den Menschen heute und der Bibel** kulminiert im Grunde in den Lebensentwürfen, die beide entfalten. So finden sich sowohl in der Bibel als auch im Leben der Menschen heute ...

- ein Auf und Ab des Lebens
- Lebens-, Sinn- und Glaubensfragen
- Provokationen und Dilemmata
- Regeln und Handlungsperspektiven
- Hoffnung auf Befreiung und Erlösung

Dabei spielt es eine wichtige Rolle, ob die biblischen Geschichten für Menschen von heute auch nachvollziehbar sind. Ansatzpunkte finden sich in Grundsymbolen, die durch die Popularkultur, vornehmlich in der Werbung, längst in Gebrauch sind. Auch ist eine Klärung der Frage wichtig, welche Relevanz überhaupt transzendente Fragestellungen in der Lebenswelt der Heranwachsenden haben. Spannend hierbei ist, dass der Bibel durchaus Relevanz zugestanden wird. Von einer eindimensionalen Ablehnung à la „Kommen Sie mir bloß nicht mit dem alten Schinken", muss nicht ausgegangen werden. Das geringe Bibelwissen birgt auch eine gewisse Chance, dass man etwas Neues entdecken kann.

Schließlich lässt sich, anknüpfend an die oben geforderte stärkere Bibelorientierung, mit Ingo Baldermann fragen, **ob die Bibel nicht prinzipiell stärker als Subjekt statt als Objekt im Lernprozess** wahrgenommen werden muss. Dabei geht es nicht nur darum, die wichtigsten biblischen Themen, Texte und Textformen kennen zu lernen, sondern um den Charakter der **Bibel als Zeugnis einer Lebens-, Glaubens- und Gotteserfahrung** zu entdecken. Innezuhalten, sich von biblischen Texten ins Gespräch ziehen zu lassen und sie in ihrem Kontext wahrzunehmen – das braucht allerdings Zeit, die im Religions- und Konfirmandenunterricht herkömmlicher Prägung kaum vorhanden zu sein scheint. Hier ist ein Arbeiten in Projekten ein gangbarer Weg. Auch stellt sich konkret im Umgang mit biblischen Texten im Unterricht die Frage, ob man statt eines Unterrichtsthemas nicht einfach einmal die Themen eines biblischen Textes entschlüsselt. So bieten die Bergpredigt, das Jonabuch oder das Gleichniskapitel Lk 15 eine Vielfalt von Themen, die es zu entdecken gilt. Als Ganzschrift bietet sich ebenfalls ein Erzählkomplex wie die Josefgeschichte, ein Evangelium oder ein Brief an. Eine als positiv erlebte, begleitete Bibellektüre kann helfen, die Fremdheit der biblischen Texte zu überwinden und sich eigenständig auf den Weg durch die Bibel zu machen.

Hier schließlich stellt sich konkret die Frage nach **Kompetenzen**, die Lehrende und Lernende entwickeln müssen, um mit einem biblischen Text selbstständig umzugehen. Ohne gewisse Vorkenntnisse und eine methodische Sicherheit im Umgang mit der Bibel geht dies nicht. Dabei ist darauf zu achten, wie man sich dem biblischen Text annähert. Um ihn zu verstehen, braucht es unterschiedliche Zugänge und Methoden, die je auf ihre Weise den Text oder die biblische Geschichte zum Sprechen bringen. Eine der zu entwickelnden Kompetenzen ist beispielsweise die, Texte auf den Punkt zu bringen, zu elementarisieren. Dabei ist es erforderlich, sich Hilfen wie Kommentare oder andere Formen der Elementarisierung zu suchen. Aber im Zentrum sollte die eigene Erschließung, Aneignung und Beurteilung des Textes stehen. Schließlich kann man auch von einer Wirkmacht der biblischen Texte ausgehen. Wo die Bibel genügend Raum bekommt, wird sie selbst Gesprächspartnerin, also Subjekt. Sie kann zeigen, dass die Welt mehr ist als das, was wir um uns herum wahrnehmen, und so den Blick weiten für das „große Ganze".

Anmerkungen zur Methodik

Der adäquateste Umgang mit der Bibel ist natürlich, sie selbst in die Hand zu nehmen und zu lesen. Doch macht es einem die Bibel nicht gerade einfach. Man muss lernen, mit ihr umzugehen, man muss Texte unterscheiden und einordnen können, man muss den „garstigen Graben der Geschichte" überwinden, um in die biblischen Texte einzutauchen.

Angeknüpft wird daher methodisch an der Lebenswelt der Lernenden, an allgemeinen Zugängen, an Spuren der Bibel in der Welt. So sind Lernende schon hier gefordert, beim Stöbern im häuslichen Bücherschrank, im CD-Fach, im Internet oder im Stadtbild aktiv zu werden.

Um Sicherheit zu geben, wie man mit der Bibel in der Hand umgehen kann, werden einfache Übungen angeboten bis hin zu spielerisch-kreativen Anregungen von Suchrätseln mit lukullischem Erfolg (S. 37). Ob beim Einrichten einer Bibelbibliothek oder beim Bibelfußball: im Vordergrund steht der spielerische Einstieg in den Umgang mit der Bibel.

Wichtig ist das Erlernen und die Motivation zum Bibellesen. Dies kann anhand eines Projekts „Losung-Lesen jeden Tag" bis hin zum Testen eines Bibelleseplans erfolgen. Angewandte Beobachtungsregeln können ein genaueres Hinsehen erleichtern. Die Umsetzung und das praktische Ausprobieren der Erzählregeln (POZEK-Schlüssel, S. 67f.) führt in der Regel ebenso zu einem intensiveren Lesen, da man hierbei lernen muss,

Texte zu elementarisieren. Auch das selbstständige Kommentieren eines biblischen Textes (S. 73) verschafft eine vertiefte Auseinandersetzung mit dem Text.

Um die Texte adäquat verstehen zu können, müssen sie richtig eingeordnet werden können. In Form von gruppenteiliger Arbeit oder an Stationen können die Sprachformen der Bibel erschlossen werden. Dies kann ebenso mit zentralen Kernbotschaften der Bibel geschehen.
Spielerisch und kreativ können Bibelsprüche umgesetzt werden, wie die Idee des Bibelbaums oder die Zuordnung von Zitaten zu besonderen Lebenssituationen.

Methodisch vielfältig kann auch die Geschichte der Bibel erschlossen werden. Eine Zeitleiste wird gelegt oder als Poster im Unterrichtsraum angefertigt, in karolingischer Minuskel wird mit Feder ein Bibelvers geschrieben oder es wird eine Armenbibel koloriert. Eine Leseübung ermöglicht am Beispiel des Psalm 23 einen Einblick in die Drucktypen vor 500 Jahren.

Als Orientierungsmöglichkeiten eignen sich mit Hilfe von Themen wie „Bibel – in und out" Standpunktspiele oder Talkshows. Auch Kreativideen wie das Verfassen eines Artikels für das Bibelblatt, das Umformulieren der Bibel in Mundart, die Gestaltung eines Bibeltextes als Kalligrafie oder als Bibelcomic, Interviews bis hin zum Schreiben von Bibelliedern – Möglichkeiten mit einer vertieften Auseinandersetzung mit der Bibel gibt es viele.

Lernstraße Bibelwelt

Aus den vorliegenden Materialien lässt sich leicht eine **Stationenarbeit** oder eine Lernstraße zum Thema entwickeln. Bereits 1996 haben Eleonore von Dincklage und Andreas Diller eine ausgereifte Stationenarbeit für die Sekundarstufe vorgelegt (Lit.). In verschiedenen Religionspädagogischen Zentren der Pfalz (info: rpz.neustadt@evkirchepfalz) sowie in den Bibelhäusern Meersburg und Wuppertal können Selbstabholer Lernkisten mit einer fertigen Lernstraße ausleihen.

Vorschläge für Stationen aus dem Materialteil

Begleitlied für die Einheit zum Einstieg:
S. 39

Station: Die Bibel als Bibliothek

- Ordner: „Hier sind 66 Bücher drin". Herstellen aus: „Bibelbücherei – was steht drin" (S. 43–48)
- Lutherbibel – oder nur Inhaltsübersicht
- Ergänzend: „Bibel-Buchstabensalat" (S. 41)

Station: Mit der Bibel umgehen

- AB: „Biblische Bücher abkürzen" (S. 36)
- AB: „Bibelgarten" oder „Bibelkuchen" (S. 37–38)
- Info: „Was man über die Bibel wissen sollte" (S. 32–33)

Station: Bibel elementarisieren

- Bibeltext nach Wahl
- Erzählregeln
- POZEK-Schlüssel (S. 67f.)
- Option: Erzählbibel als Vorlage/Kontrolle

Station: Der lange Weg der Bibel

- Zeitleiste (S. 115)
- oder Spielkarten (S. 148–149)
- Info: Vom Erlebnis zur Bibel (S. 118–119)

Station: Findige Leute / Konkordanz

- Luther-Bibel und Wortkonkordanz
- AB: „Spurensuche mit der Konkordanz" (S. 58)
- Infoblatt: Findige Leute: Papyrus 52 (S. 117)
- Optional: Schreibgegenstände aus biblischer Zeit. Wachstafel, Papyrus, Griffel, Rohrfeder (Calamus), Schreibfeder, Spachtel (zu bestellen bei: www.antike-zum-erleben.de)

Station: Die Ursprachen der Bibel

- Info: Sprachen der Bibel (S. 120)
- Info: Griechisch und Hebräisch (S. 123–125)
- AB: „Hebräisch" und „Griechisch für Einsteiger" (S. 124, 125)
- Optional: Eine griechische oder hebräische Bibel
- Oder Info: Erfindung des Alphabets (S. 122)

Station: Bibel abschreiben wie im Mittelalter

- AB: „Bibelhandschriften" (S. 130)
- Info „Bibel im Mittelalter" (S. 129)
- Schreibfedern (s.o.) oder Kalligrafiefedern und Tinte

Station: Bibeltext kreativ gestalten

- AB: Texte kreativ schreiben (S. 163)
- Oder AB: Bibelbildergeschichte (S. 165)
- Oder AB: Bibel in Mundart und Bibel (S. 167)
- Bibel oder ausgewählter Bibeltext

Station: Die Bibel rund um die Welt

Info: Die Bibel für die Völker (S. 144)
AB: „Übersetzung in Sprachen weltweit" (S. 145)
Optional: Vaterunser von ausländischen Mitbürgern in ihrer Sprache auf Kassette oder MP3 aufnehmen

Station: Bibelübersetzung Martin Luther und heute

- Alte Bibeldrucke lesen: Psalm 23 (S. 138)
- AB „Bibelübersetzung Martin Luthers" (S. 139)
- AB: „BasisB" und Lutherbibel (oder Auszug: Mk 14)

Station: Bibelsprüche und Lebenssituationen

- Zuordnungsspiel: Legekarten (S. 107–110)
- Bei Bedarf: Schere

Spielstation: Bibelfußball

- Spielkarten und Spielfeld (S. 49–52)

Diskussionsstation

- AB: „Ich lese die Bibel, weil ..." (S. 24)
- oder: AB: Die Bibel – in und out (S. 159)
- oder AB: „Was kann ich glauben" (S. 160)

Lesestation

z.B. Lesebuch: „Entdecke die Welt der Bibel" oder andere Bücher zur Bibel aus der Bücherei (z.B. „Was ist Was – Bibel")

In Bibelzentren die Bibel erleben
– Lernorte zur Begegnung mit der Bibel –

Wie riecht Salböl? Womit schrieb man im Mittelalter? Wie funktionierte Gutenbergs Druckerpresse? Was sagt die Bibel zu ...? Fragen über Fragen, auf die man beim spannenden Rundgang durch Bibelzentren regionaler Bibelgesellschaften Antworten erhält. Die Schwerpunkte der Bibelausstellungen können dabei sehr unterschiedlich sein. In Bibelhäusern wie beispielsweise in Frankfurt, Stuttgart, Neustad/Weinstraße, Schleswig oder in der Bibelgalerie Meersburg besteht nur ein kleiner Teil der Ausstellung aus Bibeln – ob antik und wertvoll in einer Panzerglasvitrine oder handlich modern zum Blättern. Es ist der Weg der Bibel durch die Zeiten, vom Orient bis zum mitteleuropäischen Raum, von den Anfängen bis zur Gegenwart, der aufgezeigt wird. Besucher jedes Alters werden eingeladen, die Welt der Bibel „hautnah" zu entdecken. Konzipiert als Erlebnisausstellung gibt es biblische Geschichte und Geschichten zum Nachspüren, Ausprobieren, Miterleben und Begreifen.

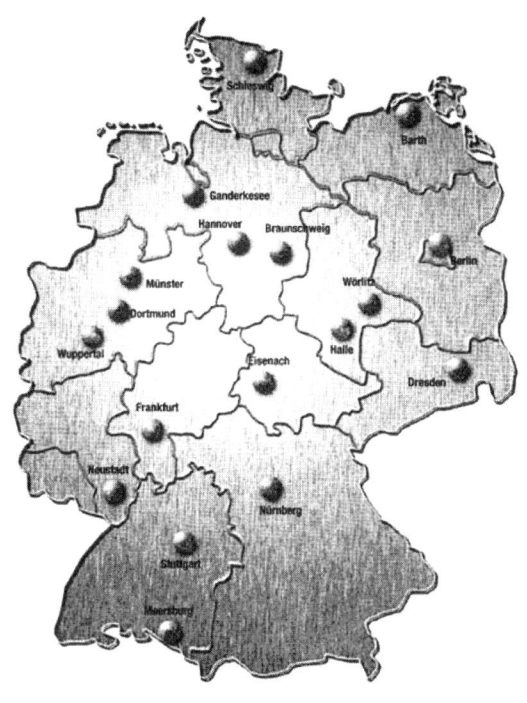

Viele Bibelhäuser haben ein Beduinenzelt. Hier lauschen Kinder und Jugendliche biblischen Erzählungen. Durch Geschichten wird die biblische Geschichte lebendig. Ebenfalls Schwerpunkt ist die mittelalterliche Schreibkunst und die Anfänge des Buchdrucks. Man ist eingeladen, selbst aktiv zu werden: einen Vers aus der Bibel kunstvoll abzuschreiben, eine Initiale schön auszumalen oder in Gutenbergs Druckerwerkstatt unter fachkundiger Anleitung einen Psalm zu drucken.

Neben dem eher kulturgeschichtlich ausgestalteten Programm bieten die Bibelzentren auch Möglichkeiten, sich aktiv mit der Bibel auseinander zu setzen. Hier kommen besonders Spiele zum Einsatz, am Computer,

wie dies beim „Meersburger Bibelquiz" der Fall ist, oder beim „Bibelfußball" in der Pfalz, bei dem zwei Mannschaften gegeneinander antreten und ihr Bibelwissen messen. Neben solchen Standards bieten Bibelzentren auch Besonderheiten. So bietet die Bibelgalerie Meersburg Szenen von biblischen Geschichten mit biblischen Erzählfiguren von Doris Egli, Frankfurt hat ein Modell eines Fischerbootes vom See Genezareth und eine begehbare Bibel, Schleswig und Meersburg bieten einen biblischen Garten, Dortmund und Wuppertal laden jeweils in einer Bibelwerkstatt zu kreativem Umgang mit der Bibel ein. In Münster kann man eine einzigartige Sammlung von handschriftlichen und gedruckten Bibeln bewundern. Auch didaktisch gehen die Bibelzentren unterschiedliche Wege. So hat Neustadt als Grundlage eine „Lernstraße", bei denen Jugendliche selbst entdeckend mit einem „Entdeckungsblatt" unterwegs sind, andere setzen auf eine Hausrallye oder die klassisch betreute Führung. Doch egal wie: Der Besuch eines Bibelzentrums ist für Jugendliche und Erwachsene immer ein lohnender Weg, sich intensiv mit der Bibel auseinander zu setzen.

Thea Groß, Bibelgalerie Meersburg
Michael Landgraf, Bibelhaus Neustadt

Infos zu den Bibelzentren: www.dbg.de

Die Bibel – eine Einführung

»Und ich wette: Irgendetwas haben wir doch gemeinsam!«

Die Bibel – ein Fundament für die christlichen Konfessionen

Wer die Vielfalt christlicher Konfessionen wahrnimmt, der kann schnell den Eindruck bekommen, dass hier einiges in seinen ganz besonderen Bahnen läuft. Die Frage nach dem Fundament christlicher Existenz aber stellt sich dann, wenn man eine Gesprächsgrundlage sucht, um sich mit anderen auszutauschen. Auch wenn nicht alle Konfessionen die Bibel als ausschließliche Grundlage und Wurzel ihrer Existenz wahrnehmen, so hat sie doch für alle eine gewisse bindende Kraft. Was ist aber die Bibel? Worum geht es in ihr? Dies soll nun diese kleine Einführung deutlich machen.

Die Bibel

Das Wort **Bibel** stammt aus dem Griechischen. „Biblia" bedeutet Bücher, eine Sammlung von Einzelschriften. Sie besteht in evangelischen Bibelausgaben aus 39 Schriften des Alten Testaments, 27 des Neuen Testaments und elf Spätschriften des Alten Testaments (Apokryphen bzw. Deuterokanonische Schriften). In katholischen Bibelausgaben gehören die Spätschriften zum Kanon des Alten Testaments, der also 46 Schriften umfasst. Diese Sammlung wird gerne mit einer Bibliothek verglichen.

Die Bibel ist ein umfangreiches Buch. Gedruckt umfasst der Bibeltext zwischen 1300 und 1600 Seiten. Zur besseren Orientierung hilft die Einteilung in Buchgruppen. Die Bücher des **Alten und Neuen Testaments** werden in deutschsprachigen christlichen Bibeln nach einem dreiteiligen Schema geordnet, nämlich in **Geschichts-, Lehr- und Prophetenbücher.** Eine wichtige Hilfe zur Orientierung innerhalb der Bibel ist auch die **Kapitel- und Verszählung der Bibel.** Die Kapitelzählung geht auf den englischen Erzbischof Stephen Langton aus dem 13. Jahrhundert zurück. Die Nummerierung der Verse hat der französische Buchdrucker Robert Etienne erst im Jahre 1551 bei einer griechisch-lateinischen Ausgabe des Neuen Testaments eingeführt.

Der Text des Alten Testaments wurde ursprünglich in hebräischer (und zum Teil in aramäischer) Sprache niedergeschrieben. Die Sprache des Neuen Testaments ist Griechisch. Von den ursprünglichen Manuskripten ist keines erhalten geblieben. Es gibt jedoch Abschriften der Originale, die in unterschiedlicher Anzahl vorliegen und unterschiedlich alt sind. Bis zur Erfindung des Buchdrucks gab es nur eine einzige Möglichkeit, Bücher zu vervielfältigen: Man musste sie mit der Hand abschreiben. Berühmte alte Handschriften, wie der Codex Sinaiticus, der beinahe den ganzen Bibeltext enthält, wurden in Klosterbibliotheken oder im Wüstensand gefunden. Die ältesten und wohl bekanntesten Funde von alttestamentlichen Handschriften wurden 1947 in den Höhlen von Qumran am Toten Meer gemacht. Allerdings ist es selten, dass ganze Handschriften entdeckt werden. Häufig sind es nur größere oder kleinere Teile und manchmal ist ein Fundstück kaum größer als eine Briefmarke. Jeder Fund einer biblischen Handschrift ist bedeutsam und hilft, dem biblischen Text näher zu kommen. Fachleute können auf diese Weise einen Grundtext von großer Genauigkeit erschließen. Durch mehrere tausend Handschriftenfunde ist der biblische Text gut gesichert.

Altes oder erstes Testament

Die Bezeichnung **Altes Testament** für die hebräische Bibel ist vom Neuen Testament her gebildet und benennt das vom frühen Christentum so verstandene Verhältnis zwischen den beiden Teilen der Bibel als Verheißung und Erfüllung. Beide Testamente geben ein Zeugnis von Gottes Bund (so die ursprüngliche biblische Bedeutung von Testament), der nach 2. Mose 24 für sein Volk Israel gilt und dessen Wirksamkeit dann in Jesus Christus auf die Menschen aller Völker ausgeweitet wird. Da nach neutestamentlichem Verständnis der Bund mit Israel nicht aufgelöst, sondern erneuert und ausgeweitet wird, reden manche Fachleute, um den Anschein einer Wertigkeit zwischen den beiden Bibelteilen zu vermeiden, vom ersten und vom zweiten Testament.

Über die Entstehung des Alten Testamentes kann man nur annähernd etwas sagen. Bevor die ersten Teile des Alten Testaments niedergeschrieben wurden, waren sie schon jahrhundertelang mündlich weitergegeben worden. Ab dem 9. Jahrhundert v.Chr. sind wohl Texte schriftlich fixiert worden. Es ist jedoch sehr schwer, die genaue Entstehungszeit der alttestamentlichen Bücher anzugeben. Selbst innerhalb der einzelnen Schriften lassen sich Abschnitte unterschiedlichen Alters finden. Die einzelnen Psalmen z.B. sind in verschiedenen Jahrhunderten entstanden, bevor sie zu kleineren Sammlungen und schließlich zum Psalter zusammengefügt wurden.

Ab dem 5. Jahrhundert v.Chr. haben jüdische Gelehrte die heiligen Schriften gesammelt und zu größeren Einheiten zusammengefügt, beginnend mit der Tora, den fünf Büchern Mose. Die jüngsten Bücher wurden erst im 2. Jahrhundert v.Chr. niedergeschrieben. So sind von den Anfängen mündlicher Überlieferung bis zu den letzten schriftlichen Aufzeichnungen des Alten Testaments etwa tausend Jahre vergangen.

Die Geltung einzelner Bücher war im Judentum lange umstritten. Vermutlich stand der genaue Umfang der hebräischen heiligen Schriften gegen Ende des ersten Jahrhunderts n.Chr. fest. In den Jahrhunderten nach der Zerstörung Jerusalems durch die Römer im Jahr 70 n.Chr. fixierten jüdische Gelehrte die Gestalt des Textes bis in kleinste Einzelheiten. Der so bearbeitete hebräische Text wird **Masoretischer Text** genannt, weil er in seiner heutigen Gestalt auf der Masora genannten Überlieferungstätigkeit jüdischer Gelehrter (Masoreten) beruht. Er ist bis heute die Grundlage für die Übersetzung des Alten Testaments.

Zu den **Geschichtsbüchern** zählen alle Schriften, die die Entstehung und die geschichtliche Entwicklung des alten Israel darstellen. Die **fünf Bücher Mose**, so genannt, weil in ihnen Mose als Befreier und Gesetzgeber des Volkes die wichtigste Gestalt ist, beginnen mit Erzählungen von der Erschaffung der Welt und des Menschen, stellen die lange Vorgeschichte Israels dar und erzählen ausführlich vom Auszug aus Ägypten. Im Mittelpunkt dieser Schriften stehen der Bund zwischen Gott und seinem Volk und die Kundgabe der Regeln, deren wichtigster und bekanntester Teil die Zehn Gebote sind. Die ersten fünf Bücher der Bibel enden mit dem Tod Moses unmittelbar vor dem Einzug ins verheißene Land, das er selbst noch sehen, aber nicht mehr betreten darf. Die **Bücher Josua und Richter** geben einen Einblick in die vorstaatliche Zeit Israels, die durch Josua, den Nachfolger von Mose, und überragende Rettergestalten, die so genannten Richter, bestimmt ist. In den **Samuel- und Königsbüchern** sowie in den **Chronikbüchern** wird die Entstehung des israelitischen Königtums ausführlich beschrieben, weiter der Aufstieg Israels unter David und Salomo zu einem selbstständigen Staatswesen. Dieses zerfiel allerdings nach Salomos Tod in die beiden Teilreiche Israel im Norden (Nordreich) und Juda im Süden (Südreich). Das vorläufige Ende ihrer Existenz brachten der Sieg der Assyrer über Israel (722 v.Chr.) und die Niederwerfung Judas durch die Babylonier (587 v.Chr.). Die biblischen Geschichtsschreiber verstehen diese politisch-militärische Katastrophe als eine Folge des Ungehorsams des Volkes gegen Gottes Gebote. Die **Bücher Esra und Nehemia** handeln vom Wiederaufbau des zerstörten Jerusalems und der Neugründung eines jüdischen Gemeinwesens mit Billigung der persischen Zentralregierung, der das jüdische Volk zu dieser Zeit unterworfen war.

Die **Lehr- oder poetischen Bücher** sind die am wenigsten einheitliche Gruppe von Schriften innerhalb der Bibel. Das Buch **Kohelet** enthält die Lehren eines Philosophen (so treffender als die traditionelle Übersetzung mit Prediger), der darüber nachdenkt, worin der Sinn des Menschenlebens liegt, das oft so kurz und bedeutungslos erscheint. Der Verfasser bezweifelt, dass Menschen ihn überhaupt erfassen können, und kommt zu dem Schluss, dass nur Gott den Sinn aller Dinge kennt. Im Buch **Hiob** geht es um das Problem des Leidens: Wie kann der gute Gott das Leiden unschuldiger Menschen zulassen? Das Buch erzählt die Geschichte von Hiob, der durch eine Reihe von Schicksalsschlägen schwer geprüft ist. Im Gespräch mit seinen Freunden ringt er um die Lösung seiner Fragen. Die Antwort gibt Gott ihm durch die Offenbarung der Wunder seiner Schöpfung. Sie sollen Hiob zeigen, dass Gott in Weisheit regiert, auch wenn der Mensch sein Handeln nicht immer begreifen kann. Zwei Bücher in der Gruppe der Lehrbücher sind eigentlich eine Sammlung von Liedern: die Psalmen und das Hohelied. Im **Hohelied** sind Liebes- und Hochzeitslieder gesammelt. Der **Psalter** – wie das Buch der Psalmen auch genannt wird – umfasst Lieder und Gebete, die zum größten Teil im Gottesdienst Israels gesungen oder gesprochen wurden.

Auf die Lehrbücher folgen die **Prophetenbücher.** Ihrem Umfang nach unterteilt man sie in „große" und „kleine" Propheten. Als große Propheten gelten Jesaja, Jeremia und Hesekiel (Ezechiel), aber auch die Klagelieder Jeremias und das Buch Daniel. Als kleine Propheten werden die zwölf Bücher von Hosea bis Maleachi bezeichnet. Propheten sind Kritiker und Mahner. Ihre Botschaft wurde ihnen durch göttliche Eingebung oder Vision aufgetragen. Erhalten geblieben sind ihre Worte, weil sie zumeist von ihren Schülern aufgeschrieben wurden. Die Propheten decken besonders Versäumnisse des Volkes und seiner Oberschicht auf und sie drohen dafür Vergeltung an. Durch Propheten konnte Israel auch in seinen politischen Katastrophen das Handeln Gottes erkennen. In ihren Gerichtsansagen findet sich bei den Propheten auch die Ankündigung künftigen Heils, die Verheißung eines neuen Bundes und sogar die eines neuen Königs aus dem Hause Davids, der für Frieden und die erneute Hinwendung des Volkes zu Gott sorgen wird.

Schon im 3. Jahrhundert v.Chr. wurden die Texte der hebräischen Bibel in die damalige Weltsprache Griechisch übersetzt. Eine Legende erzählt, dass diese Übersetzung von 70 (oder 72) Gelehrten angefertigt wurde. Darum heißt diese Übersetzung **Septuaginta** (lateinisch für 70, mit LXX abgekürzt).
Eine besondere Gruppe alttestamentlicher Schriften ist nur in griechischer Sprache überliefert. Diese Schriften stammen aus den letzten zwei Jahrhunderten vor Christus und werden deshalb auch unter der Bezeichnung **Spätschriften des Alten Testaments** zusammengefasst. In den Kirchen der Reformation werden sie als **Apokryphen** (verborgene Schriften) bezeichnet und in ihrem Wert unterschiedlich beurteilt. Martin Luther ordnete sie in seiner Übersetzung als besondere Schriftengruppe zwischen Altem und Neuem Testament an und bewertete sie als Bücher, die der Heiligen Schrift nicht gleich gehalten und doch nützlich

und gut zu lesen sind. In der katholischen Kirche werden diese Schriften deuterokanonisch genannt, d.h. an zweiter Stelle im Schriftkanon stehend. Sie gelten als vollwertiger Bestandteil der Heiligen Schrift und sind dementsprechend in katholischen Bibelausgaben je nach ihrem Charakter über die anderen Schriftgruppen verteilt.

Neues oder zweites Testament
Für die griechisch sprechenden Christen war die Septuaginta zunächst die Heilige Schrift. Erst mit der Festlegung des neutestamentlichen Kanons wurde die Unterscheidung zwischen Altem und Neuem Testament eingeführt.
Die frühesten Schriften des Neuen Testaments sind die Briefe des Apostels Paulus. Die Worte Jesu und die Erzählungen über sein Wirken wurden zunächst mündlich weitergegeben; erst als der zeitliche Abstand zu den Ereignissen wuchs, entstand das Bedürfnis nach schriftlicher Aufzeichnung. Auf diesem Weg sind die Evangelien entstanden.
Fast alle neutestamentlichen Schriften wurden noch im 1. Jahrhundert n.Chr. verfasst. Damals wie auch später gab es daneben eine Vielzahl von Schriften, die im Titel vorgaben, Evangelien, Apostelgeschichten oder Jüngerbriefe zu sein, aber die Botschaft von Jesus Christus oder die Lehre der Apostel aus eigener Sicht wiedergaben. Deshalb musste die frühe Kirche eine Entscheidung fällen, welche Schriften als verbindlich galten. Dabei gab es, durch örtliche oder personale Gegebenheiten bestimmt, Unterschiede in der Auswahl. Am Ende des 2. Jahrhunderts n.Chr. stand jedoch das Neue Testament im Wesentlichen in seinem heutigen Umfang fest. Die Auseinandersetzungen der Folgezeit führten im 4. Jahrhundert zur endgültigen Festlegung eines Kanons (wörtlich: „Richtschnur") von 27 Schriften, der seitdem in allen großen Kirchen Geltung hat.

Das griechische Wort **Evangelium** heißt wörtlich übersetzt: „Gute Botschaft". Die ersten Christen gebrauchten dieses Wort zunächst, um Gottes Heilshandeln in Jesus Christus auszudrücken. Es war wahrscheinlich Markus, der in Anlehnung an diesen Sprachgebrauch als Erster seinen umfangreichen Bericht von Jesu Leben als Evangelium bezeichnete. In Anlehnung daran hat man in der alten Kirche dann auch die entsprechenden Darstellungen anderer so genannt. Darin kommt zum Ausdruck, dass es sich bei aller Unterschiedlichkeit im Einzelnen immer um die eine gute Botschaft handelt. Jedes der Evangelien stellt das Leben und Wirken Jesu aus einem anderen Blickwinkel dar:

Für **Markus** steht die Frage im Mittelpunkt, wer dieser Jesus eigentlich ist. Er macht deutlich: Durch Jesus von Nazareth spricht und handelt Gott selbst. **Matthäus** weist immer wieder darauf hin, dass sich in Jesus die Verheißungen der Propheten des Alten Testaments erfüllt haben. **Lukas** orientiert sich am Vorbild der Geschichtsschreibung seiner Zeit und versucht, über die Ereignisse möglichst lückenlos und geordnet zu berichten. Er zeichnet Jesus als liebevollen Heiler und Hirten, der kam, alles Kranke und Verlorene zu suchen. Für **Johannes** ist Jesus das Mensch gewordene Wort, das die Sehnsucht der gesamten Menschheit stillt. Gemeinsam ist allen vier Evangelien, dass sie bei ihren Leserinnen und Lesern den Glauben an Jesus Christus wecken wollen. So gesehen handelt es sich bei allen Unterschieden im Einzelnen immer um die eine gute Nachricht, die in vierfacher Weise erzählt wird.

Fragt man nach der **Entstehung der vier Evangelien**, dann zeigt sich, dass die ersten drei an vielen Stellen im Wortlaut und in der Reihenfolge des Dargestellten übereinstimmen, während das Johannesevangelium eigene Wege geht. Wegen ihrer großen Übereinstimmung kann man die drei ersten Evangelien nebeneinander betrachten. Sie werden deshalb auch die **synoptischen Evangelien** genannt (Synopse = Zusammenschau). Zur Erklärung dieser Gemeinsamkeiten und Unterschiede geht man heute davon aus, dass Markus mit seinem Evangelium die Grundlage für die Darstellung des Matthäus und Lukas bildete. Die Teile, die Matthäus und Lukas über Markus hinaus gemeinsam haben – es handelt sich vor allem um Redeabschnitte, z.B. die Bergpredigt und die Feldrede (Mt 5–7 und Lk 6) – werden auf eine zweite, nicht erhaltene Quelle zurückgeführt. Man nimmt an, dass diese im Wesentlichen Worte Jesu enthalten hat, und nennt sie daher Spruch- oder mit dem griechischen Begriff **Logienquelle**. Darüber hinaus hatten sowohl Matthäus als auch Lukas Zugang zu weiteren Überlieferungen von Lehre und Taten Jesu, die als ihr Sondergut bezeichnet werden.

Das Johannesevangelium hat eine Sonderstellung. Johannes scheint die anderen Evangelien gekannt zu haben. Deswegen wird angenommen, dass es am spätesten entstanden ist.

Zu den Geschichtsbüchern des Neuen Testaments gehört außer den vier Evangelien auch die **Apostelgeschichte**. Sie wurde als Fortsetzung des Lukasevangeliums geschrieben und erzählt von den ersten christlichen Gemeinden, also den Anfängen der Kirche, und von der Verbreitung der guten Nachricht von Jerusalem aus in die ganze damals bekannte Welt. Während im ersten Teil der Apostelgeschichte der Kreis der Apostel um **Petrus** im Zentrum steht, ist die wichtigste Person des zweiten Teils der Apostel **Paulus**, dessen Bekehrung und Missionsreisen ab Kapitel 9 beschrieben werden.

Die **Lehrbücher des Neuen Testaments sind Briefe** an Gemeinden oder Einzelpersonen. Sie werden in zwei Gruppen eingeteilt: Paulusbrief inklusive der so genannten Pseudepigraphen, d.h. Schriften, die unter dem Namen des Paulus von seinen Schülern verfasst wurden, und Katholische Briefe.

In den **Briefen des Paulus und seiner Schüler** wird Gemeinden der Glaube an Jesus Christus dargelegt. Die Briefe beantworten Fragen zu Situationen, die die Christinnen und Christen im Leben zu bewältigen hatten. Zugleich mussten sich die Verfasser mit anderen Strömungen der urchristlichen Mission auseinander setzen. Paulus musste sich für seine Mission unter Nichtjuden rechtfertigen und betonte: „Ich schäme mich des Evangeliums nicht; denn es ist eine Kraft Gottes, die selig macht alle, die daran glauben, die Juden zuerst und ebenso die Griechen" (Römer 1, 16). Schließlich bestätigte eine Zusammenkunft der Apostel in Jerusalem Paulus offiziell in seinem Missionsauftrag unter den nichtjüdischen Völkern.

In den **katholischen Briefen** (katholisch = griechisch: allgemein, für die ganze Kirche bestimmt), die als Verfasser Petrus, Johannes, Jakobus und Judas nennen, geht es um ähnliche Probleme wie in den Paulusbriefen, nämlich um die Erörterung von Glaubensfragen, Abwehr von falschen Lehren und die richtige Gestaltung des christlichen Lebens in der Gemeinde, der Familie und in der Gesellschaft.

Das prophetische Buch des Neuen Testaments, die **Offenbarung des Johannes**, beginnt mit sieben Sendschreiben an kleinasiatische Gemeinden, in denen der Verfasser diese ermuntert, ermahnt und tröstet. Denselben Sinn haben auch die Visionen und Bilder der restlichen Kapitel: Trotz aller Unterdrückung durch staatliche Gewalt steht zuletzt der Sieg Gottes fest. Wahrscheinlich ist, dass die Offenbarung des Johannes am Ende des ersten Jahrhunderts für die vom römischen Staat verfolgte Kirche in Kleinasien geschrieben wurde.

Bibelübersetzungen

Schon früh war es notwendig, die Bibel zu übersetzen. Im Jahr 382 beauftragte Papst Damasus I. den Theologen Hieronymus mit einer einheitlichen lateinischen Übersetzung der Bibel. Schon 384 legte Hieronymus eine überarbeitete Fassung der Evangelien vor. Ob er auch die übrigen Schriften des Neuen Testaments ähnlich überarbeitet hat oder ob andere dies taten, ist bis heute nicht geklärt. Die Übersetzung bekam den Namen Vulgata (lateinisch für „die Volkstümliche"). Sie wurde zur wichtigsten Bibelübersetzung des Mittelalters und prägte mit ihrem Latein für Jahrhunderte die Wissenschaftssprache an den Universitäten. Das Konzil von Trient erklärte 1546 die Vulgata als allgemeine Übersetzung für den Gebrauch in der katholischen Kirche als maßgeblich. Im Anschluss an das Zweite Vatikanische Konzil (1962–1965) wurde eine Nova Vulgata (d.h. neue Vulgata) geschaffen, welche die Vulgataübersetzung anhand des hebräischen und griechischen Grundtextes überprüfte und überarbeitete. Sie wurde 1979 eingeführt und soll in der katholischen Kirche dort verwendet werden, wo biblische Texte in lateinischer Sprache gebraucht werden. So entsteht zurzeit eine Bibel für die katholische Kirche, die auf Grundlage der Nova Vulgata die Einheitsübersetzung ablösen soll.

Auch in germanischen Sprachen wurden schon früh Übersetzungsversuche gemacht. Bereits um 380 übersetzte der Gotenbischof Ulfilas (Wulfila) die Bibel ins Gotische. Im 9. Jahrhundert entstanden im fränkischen Reich Bibelübertragungen wie die Evangelienharmonie des Otfried von Weißenburg. Im Jahr 1452 hat Johannes Gutenberg in Mainz als erstes gebundenes Werk die Bibel gedruckt. Seine Bibel in lateinischer Sprache umfasste pro Spalte 42 Zeilen und wurde in einer Auflage von 200 Exemplaren gedruckt. Bereits elf Jahre später wurde die erste Bibel in deutscher Sprache gedruckt – die erste gedruckte Bibel in einer Volkssprache überhaupt. Vor Luther entstanden 18 deutsche Bibeln, aber erst durch ihn erfuhren die deutschen Bibeln einen Erfolg: Er übersetzte zum einen dem Sinn nach und schaute dabei den Menschen „aufs Maul", d.h. er orientierte sich an der gesprochenen Sprache. Zum anderen orientierte er sich an den Ursprachen der Bibel, Hebräisch und Latein, und kam so der ursprünglichen Bedeutung der biblischen Texte auf die Spur.

Bibel – mehr als ein Buch!?

Heute sind Bibeln oder Bibelteile weltweit in knapp 2400 Sprachen erhältlich. Jährlich werden allein vom Weltbund der Bibelgesellschaften rund 20 Millionen. Bibeln hergestellt und verbreitet. Daneben werden weitere Millionen von Neuen Testamenten, Einzelteilen und Auswahltexten der Bibel herausgegeben. Die Bibel ist das meistübersetzte und meistverkaufte Buch der Welt.

Wenn man eine Bibel zur Hand nimmt, ist sie zunächst ein Buch wie andere Bücher. Und doch unterscheidet sie sich von allen anderen Büchern. Obwohl ihre Niederschrift schon vor langer Zeit abgeschlossen wurde, ist sie heute noch das am weitesten verbreitete und vielfach gelesene Buch, das Menschen zu allen Zeiten und in allen Ländern angesprochen hat und heute noch anspricht und auf das sich alle christlichen Kirchen berufen. Wie andere Bücher aus früheren Zeiten berichtet auch die Bibel davon, wie unsere Welt entstanden ist und wie es mit dieser Welt weiterging. Wie ein Geschichtsbuch schildert sie die Geschichte des Volkes Israel. Sie erzählt, wie dieses Volk gelebt hatte und welche Regeln galten. Sie berichtet von Auseinandersetzungen, die das Volk im Inneren erlebt hat, und davon, dass es immer wieder von anderen Völkern überrannt, in die Verbannung geführt oder unterjocht worden ist.

Was die Bibel jedoch von anderen Büchern unterscheidet, ist, dass sie die Ereignisse der Weltgeschichte und der Geschichte des Volkes Israel in Beziehung zu Gott bringt. Die Verfasser der verschiedenen biblischen Bücher legen davon Zeugnis ab, dass für sie hinter allem vordergründig irdischen Geschehen Gottes Wille und Gottes Handeln mit seiner Schöpfung steht. Dadurch wollen sie andere zum Glauben hinführen oder sie im Glauben stärken.

Die Verfasser der neutestamentlichen Schriften beschreiben dann, wie diese Liebe Gottes in Jesus Christus für alle Menschen sichtbar geworden ist. In ihm begegnen wir einem Menschen, der Gott ganz ernst nimmt. Mit seinem Sterben nimmt er unseren Ungehorsam und unsere Schuld stellvertretend auf sich. Und mit der Auferstehung zeigt Gott den Menschen, dass er für sie eine neue Hoffnung bereithält, die ihrem Leben einen neuen tiefen Sinn gibt. Auch hier geht es also um Gottes liebevolles Handeln in dieser Welt, das selbst den Tod überwindet.

Dass die Bibel letztlich als **Wort Gottes** wahrgenommen werden kann, lässt sich nicht rational erschließen oder lehren. Es muss erfahren werden. Die Begegnung mit Propheten oder mit Jesus lehrt, dass sie als Vertreter einer höheren Wahrheit auftraten, in deren Namen sie ihre Botschaft den Menschen verkündeten. Gottes Wort und sein Wille sind, so die Bibel, also erfahrbar. Es hängt im Wesentlichen davon ab, ob ich mich auf diese Erfahrungen einlasse, ob ich mich durch die Bibel in Frage stellen und verändern lasse. Dann wird die Bibel auch mehr als ein Buch – zur Heiligen Schrift und zum verändernden und befreienden Wort Gottes.

Weitere Informationen unter www.dbg.de.

II. Zugänge

Zugänge knüpfen an Vorerfahrungen, die Lebenswelt der Lernenden oder an aktuelle Ereignisse an. Mögliche Beispiele von Zugängen sind ...

Ausgangspunkt	Thema	Grundfragen
Die Bibel im Kirchenjahr	Kirchenjahr	Warum wird dieser Tag denn eigentlich gefeiert? Welche Grundlagen in der Bibel hat er?
Ereignisse, z.B. das Jahr der Bibel	Die Bibel – ein Kulturgut	Welche Rolle spielt die Bibel in unserer Kultur?
Bibel im Umfeld – Spurensuche	Die Bibel im Stadtbild, in der Werbung, in Popsongs oder in der Sprache	Wie begegnet einem die Bibel im persönlichen Umfeld?
Bisherige eigene Erfahrungen im Umgang mit oder in der Vermittlung der Bibel	Erlebnisse mit der Bibel	Welche Erfahrungen habe ich persönlich mit der Bibel gemacht?
Persönliche Einschätzung der Bibel	Die Bibel als Buch für ...	Wie schätze ich die Bibel ein?
Sinnsuche	Orientierung für mein Leben	Wo kann die Bibel im Leben Orientierungspunkt und Stütze sein?

Bausteine:

Zum Einstieg

Thema	Kurzbemerkungen	Schwierigkeit	Seite
Einstieg in die Bibel	Eine Mindmap ermöglicht einen allgemeinen und offenen Zugang zum Thema. Die unteren Fragen ermöglichen differenzierten persönlichen Zugang. Alle diese Übungen setzen voraus, dass Lernende durch den Grundschulunterricht über einen gewissen Schatz an biblischen Geschichten verfügen.	⌂	22
Bibel-Umfrage	Die Umfrage ist eine verkürzte Version aus H.-K. Bergs Bibeldidaktik. Sie zielt auf die persönliche Einschätzung der Bibel. Das Ergebnis ist in der Regel, dass für Jugendliche die Bibel etwas für alte, kranke Leute ist.	⌂	23
Ich lese die Bibel, weil ...	Aussagen von Menschen, die hier ihre persönliche Einschätzung zur Bibel äußern, werden analysiert und kommentiert.	⌂⌂⌂	24

Spurensuche

Thema	Kurzbemerkungen	Schwierigkeit	Seite
Spurensuche: Bibel in meinem Umfeld	Lernende entdecken, welche Bibeln in ihrem Umfeld zu finden sind (oder auch nicht!). Diese können im Rahmen einer Ausstellung präsentiert werden. Interviews ergänzen diese Spurensuche. Die Bibel wird auch in der Werbung verwendet. Man kann hier auch Motive in der aktuellen Werbung suchen und kommentieren.	⌂ / ⌂⌂	25
Spurensuche: Bibel in Popsongs	Wie in der Werbung gibt es auch Bezüge zur Bibel in aktuellen Popsongs. Das Beispiel kommt von Sabrina Setlur. Auch andere Texte wie solche von den „Söhnen Mannheims" eignen sich für den Schwerpunkt.	⌂⌂	26
Spurensuche: Bibel in unserer Sprache	Durch den Text wird deutlich, wie sehr die deutsche Sprache durch biblische Begriffe geprägt ist.	⌂⌂	27

Wer kennt sich aus?

Thema	Kurzbemerkungen	Schwierigkeit	Seite
Kennst du dich in der Bibel aus?	Vorwissen soll mit Hilfe des Fragebogens geklärt werden. Die Lösung unten sollte verborgen bleiben.	⌂⌂	28
Die Bibel in Bildern	Anhand von Bildern aus der Schulbibel (Schild des Glaubens, vgl. dazu S. 9), die bis in die 1960er Jahre hinein verwendet wurde, sollen biblische Grundgeschichten erkannt werden.	⌂⌂⌂	29f.

Einstieg in die Bibel

Ihr habt schon biblische Geschichten gehört. Ihr könnt Mindmaps zu folgenden
Fragen erstellen:

☞ Was weiß ich schon über die Bibel?
   Was möchte ich über die Bibel wissen?
☞ Wo habe ich bei dem Thema Zweifel?
   Worauf freue ich mich?

Fragen zum Einstieg

Wo sind dir bisher biblische Geschichten begegnet?

Welche biblische Geschichte ...

... war spannend?

... machte mich nachdenklich?

... erschien mir merkwürdig?

... hat sich auf mein Verhalten ausgewirkt?

Mein Lieblingstext in der Bibel

- 📖 Überlege, was dein Lieblingstext in der Bibel ist.
- 📖 Was hast du davon in Erinnerung?
- 📖 Hast du einen besonderen Grund, warum er dir gefällt?
- 📖 Lies ihn in der Bibel nach – ist etwas anders als in deiner Erinnerung?

Lieblingsgeschichten – eine Umfrage

- 📖 Macht in der Gruppe eine Umfrage, welche Geschichten aus der Bibel am beliebtesten sind.
- 📖 Jeder darf drei Geschichten oder Texte auf einen Zettel schreiben.
  Tragt dann das Ergebnis der Gruppe zusammen.
  Welche Geschichten bilden die „Top Ten"?

Die Bibel ist für mich ... – Eine Umfrage

Ist die Bibel für dich von Bedeutung?

- ☐ ja
- ☐ nein
- ☐ kann ich nicht genau sagen

Die Bibel wird von Menschen unterschiedlich beurteilt.
Wie beurteilst du sie? (Zwei Antworten sind möglich)

- ☐ die Bibel ist Grundlage des christlichen Glaubens
- ☐ die Bibel ist ein Märchenbuch
- ☐ die Bibel ist eine Sammlung von Gottes Worten
- ☐ die Bibel ist eine Sammlung wichtiger Erfahrungen, die andere gemacht haben
- ☐ die Bibel ist ein Buch wie jedes andere

- ☐ andere Bedeutung ....

In welchen Situationen kann man in der Bibel lesen?

- ☐ eigentlich nie
- ☐ wenn man besonders traurig ist
- ☐ wenn man besonders glücklich ist
- ☐ wenn man krank ist
- ☐ in jeder Lebenssituation
- ☐ vor jedem wichtigen Ereignis
- ☐ ....

Gibt es eine Geschichte, die du besonders gerne magst
oder die dich beeindruckt hat?

- ☐ nein
- ☐ ja, nämlich ....

Für wen ist deiner Ansicht nach die Bibel besonders wichtig

- ☐ für jeden Menschen
- ☐ für niemanden
- ☐ nur für Christen
- ☐ für einsame Menschen
- ☐ für kranke Menschen
- ☐ für junge Menschen
- ☐ für alte Menschen
- ☐ für fröhliche Menschen

Wenn jemand in der Bibel liest, ist das für dich

- ☐ ganz normal
- ☐ eher komisch
- ☐ das muss jeder für sich entscheiden
- ☐ ich will mich dazu nicht festlegen

- ☞ Füllt den Fragebogen aus und vergleicht ihn in der Gruppe.
  Ihr könnt den Fragebogen auch in eurer Familie testen.

Ich lese die Bibel, weil ...

Die Bibel ist mehr als ein Buch, sagt so mancher Zeitgenosse.

Einmal überraschte der Schriftsteller **Bertolt Brecht** seine Zuhörer.
Er war besonders kritisch gegenüber dem Christentum und
den Kirchen.
Als er gefragt wurde, was denn sein
Lieblingsbuch sei, sagte er kurz:

Sie werden lachen,
die Bibel.

Warum lesen Menschen die Bibel?
Hier zwei Antworten:

Ich habe die Bibel nötig.
Ich brauche sie, um zu verstehen, woher ich komme.
Ich brauche sie, um in dieser Welt
einen festen Boden unter den Füßen und einen Halt zu haben.
Ich brauche sie, um zu wissen,
dass einer über mir ist und mir was zu sagen hat.
Ich brauche sie, weil ich gemerkt habe,
dass wir Menschen in den entscheidenden Augenblicken
füreinander keinen Trost haben und
dass auch mein eigenes Herz nur dort Trost findet.
Ich brauche sie, um zu wissen,
wohin die Reise mit mir gehen soll.

Jörg Zink, Theologe und Schriftsteller

Ich finde die Bibel cool, weil sie so ehrlich ist.
Da geht es nicht um 'ne heile Welt oder Marlboro-Romantik.
Von den Helden in der Bibel hat niemand die weiße Weste an:
Jakob betrügt seinen Bruder,
David verführt die Frau seines Soldaten
und Moses bringt sogar einen Aufseher um.
Aber Gott nimmt sie trotzdem an,
er sieht das Gute in jedem Menschen,
egal wie viel Mist die gebaut haben.
Das ist doch eine klasse Botschaft!

Roland Meier, Journalist

☞ Vergleiche die Gründe, warum die beiden gerne die Bibel lesen.
    Wo gibt es Gemeinsamkeiten – wo Unterschiede?

☞ Welche dieser Aussagen sind für dich fremd, was leuchtet dir ein?

Spurensuche: Die Bibel in meinem Umfeld

Folgende Aktionen können, während ihr die Bibel im Unterricht besprecht, umgesetzt werden.

☞ **Sucht zu Hause nach allem, was ihr an Hinweisen auf die Bibel findet.**

- Bibeln
- Kinderbibeln
- Biblische Sprüche auf Tellern, Bildern ...
- Bilder zur Bibel
- Bücher über die Bibel
- Bibelcomics
- Computerspiele zur Bibel

☞ **Sucht nach der ältesten Bibel, die ihr auftreiben könnt.**

☞ **Recherchiert im Internet zum Stichwort „Bibel". (Zuerst unter: www.dbg.de)**
Schreibt auf: Welche Seiten sind besonders interessant?

☞ **Macht ein Interview mit Bekannten und Verwandten über „Meine Lieblingsgeschichte in der Bibel".**
Fragt nach Lieblingsgeschichten oder Lieblingstexten.
Klärt dabei, warum den Menschen die Bibelstelle wichtig ist.

☞ **Sucht in eurem Ort an öffentlichen Plätzen, Häusern, Kirchen, ob ihr etwas findet, das vielleicht mit der Bibel zu tun hat.**
Schreibt eure Entdeckungen auf und macht am besten Fotos davon.

☞ **Schaut nach Werbeanzeigen.**
Findet ihr eine Werbung wie die auf dem Bild, bei der auf die Bibel oder auf eine Geschichte der Bibel angespielt wird?

Klärt dabei miteinander: Welche Gründe kann es dafür geben, dass man die Bibel in der Werbung einsetzt?

☞ Wenn ihr am Ende genug zusammenhabt, dann könnt ihr eine eigene **Bibelausstellung organisieren.**

Spurensuche: Bibel im Popsong

Sabrina Setlur hat für ihre CD „Die neue S-Klasse" folgenden Song geschrieben. In ihm spielt sie auf biblische Texte an:

ICH WILL SEHEN WIE SEIN ZELT BEI DEN MENSCHEN IST
UND ER BEI IHNEN WEILT – DAS WILL ICH SEHEN
ICH WILL SEHEN WIE SIE SEINE VÖLKER SIND UND ER SELBST
BEI IHNEN IST – DAS WILL ICH SEHEN
ICH WILL SEHEN WIE WOLF UND LAMM EINTRÄCHTIG WEIDEN
UND DER LÖWE STROH FRISST WIE DER STIER
ICH WILL SEHEN WIE KEIN SCHADEN GESTIFTET WIRD NOCH
IRGENDWIE VERDERBEN AUF SEINEM GANZEN HEILIGEN BERG
DAS WILL ICH SEHEN
ICH WILL SEHEN WIE ER KRIEGE AUFHÖREN LÄSST BIS AN DAS
ÄUSSERSTE ENDE DER ERDE DAS WILL ICH SEHEN
ICH WILL SEHEN WIE SIE IHRE SCHWERTER ZU PFLUGSCHAREN
SCHMIEDEN – DAS WILL ICH SEHEN ...
ICH WILL SEHEN DASS WEDER TRAUER NOCH SCHMERZ NOCH
GESCHREI MEHR SIND WEIL SIE MIT DEN FRÜHEREN DINGEN
VERGANGEN SIND DAS WILL ICH SEHEN DAS WILL ICH SEHEN.
ICH WILL SEHEN WIE DIE AUGEN DER BLINDEN GEÖFFNET
WERDEN UND DIE OHREN DER TAUBEN AUFGETAN WERDEN
ICH WILL SEHEN WIE DER LAHME KLETTERT WIE EIN HIRSCH
UND DER STUMME JUBELT DAS WILL ICH SEHEN...
ICH WILL SEHEN WIE DIE GANZE ERDE MIT SEINER ERKENNTNIS
ERFÜLLT IST WIE DIE WASSER DAS GANZE MEER BEDECKEN
ICH WILL SEHEN WIE SIE NICHT MEHR HUNGERN UND AUCH
NICHT MEHR DÜRSTEN DAS WILL ICH SEHEN DAS WILL ICH
SEHEN
ICH WILL SEHEN WIE DIE SANFTMÜTIGEN DIE ERDE BESITZEN
DAS WILL ICH SEHEN ...
ICH WILL SEHEN WIE DIE GERECHTEN SELBST DIE ERDE
BESITZEN WERDEN UND SIE IMMERDAR DARAUF WOHNEN
WERDEN DAS WILL ICH SEHEN ...

(Auszug)

☞ Sabrina Setlur bezieht sich in ihrem Song auf Bilder der Zukunft, die in der Bibel ausgedrückt sind. Du findest sie in

- Jes 2, 4
- Jes 35, 5–6
- Jes 65, 25
- Mt 5, 5–10
- Off 21, 3–4

☞ Ordne die Bibelstellen dem Text des Liedes zu.

☞ Was macht Sabrina Setlur mit den Bibelstellen?

☞ Sucht weitere Beispiele, in denen die Bibel in Popsongs vorkommt.

Spurensuche: Die Bibel in der deutschen Sprache

☞ Die Bibelübersetzung Martin Luthers hatte großen Einfluss auf die deutsche Sprache. Besonders einige Sprachbilder kommen so aus der Bibel in die Alltagssprache. Lest folgenden Text und unterstreicht, welcher Ausdruck wohl aus der Bibel stammt.

Ein Relilehrer betritt den Klassenraum und erlebt das tägliche Brot eines Lehrers: Mehrere Schüler raufen miteinander. „Was ist denn das für ein Tohuwabohu?", ruft er. „Ich weiß ja, dass in eurer Klasse nicht gerade das Land ist, wo Milch und Honig fließen. Aber heute können einem ja die Haare zu Berge stehen. Andreas, was war denn los?" „Der Tobias wollte dem Martin einen Denkzettel geben, weil der ihn immer ärgert." Darauf ruft empört Tobias: „Das hab ich mir gleich gedacht, dass ich der Sündenbock sein soll. Früher waren wir die besten Freunde. Aber jetzt ärgert mich der Martin immer wieder. Jetzt wehre ich mich halt, nach dem Motto: Auge um Auge, Zahn um Zahn."

Der Lehrer greift ein: „Martin, ich würde meine Zunge besser im Zaum halten. Wenn das so weitergeht, werdet ihr beide gleich in die Wüste geschickt. Ich glaube, von euch kann keiner die Hände in Unschuld waschen und den ersten Stein werfen."

Als die anderen sich ins Fäustchen lachen, fragt sich der Lehrer, wie er jetzt in der Klasse die Spreu vom Weizen trennen kann. Dass gerade die Jungs sich immer übereinander hermachen, ist ihm schon lange ein Dorn im Auge. Ihm sind zwar selbstbewusste Kinder recht, die nicht zu allem Ja und Amen sagen, aber wenn die einmal angefangen haben ...

Als der Lehrer darüber nachdenkt, wie er jetzt weitermachen soll, tappt er zunächst im Dunkeln. Plötzlich geht ihm ein Licht auf. Er nimmt in der Stunde das Gleichnis vom barmherzigen Samariter durch.

Nachdem der Text gelesen und erläutert wurde, dass man Samaritaner damals als Feinde ansah, fragt der Lehrer in die Runde: „Was ist hier wohl die zentrale Botschaft?" Tobias antwortet: „Zuerst einmal, dass man Gott und sich selbst achten soll, und, aller guten Dinge sind drei: Für Jesus ist es wichtig, dass man einen anderen annimmt, auch wenn er einem fremd ist."

Martin denkt laut: „Wenn man einem Feind hilft, ist das nicht, wie wenn man Perlen vor die Säue wirft?"

Tobias reagiert: „Ich glaube, bei allem, was man tut, kommt es darauf an, dass man an den Früchten erkennen kann, wie einer ist. Wenn einer dem anderen eine Grube gräbt, fällt er selbst hinein. Wenn einer sogar dem Feind hilft, dann spürt man, dass der in Ordnung ist."

„Schlau wie ein Fuchs geantwortet", bemerkt Martin und schaut Tobias lange an. „Lass uns das Kriegsbeil begraben. Du weißt doch: alte Liebe rostet nicht." Am Ende sind die beiden wieder ein Herz und eine Seele und wollen einander wie einen Augapfel hüten.

Auf dem Nachhauseweg denkt der Lehrer über diese Stunde nach. Er wundert sich, dass manche Leute glauben, die Bibel sei ein Buch mit sieben Siegeln.

✂—Knicken oder als Textschnipsel zur Kontrolle später austeilen.

1. Spreu vom Weizen trennen	10. An ihren Früchten sollt ihr sie erkennen	18. Er ist schlau wie ein Fuchs
2. Dorn im Auge	11. Den ersten Stein werfen	19. Wer anderen eine Grube gräbt, fällt selbst hinein
3. Haare zu Berge stehen	12. Land, in dem Milch und Honig fließen	20. Aller guten Dinge sind drei
4. Buch mit sieben Siegeln	13. Perlen vor die Säue werfen	21. Barmherziger Samariter
5. Sündenbock	14. Wie seinen Augapfel hüten	22. Auge um Auge, Zahn um Zahn
6. Ja und Amen	15. Ein Herz und eine Seele	23. Alte Liebe rostet nicht
7. Das tägliche Brot	16. Ein Licht aufgehen	24. In die Wüste schicken
8. Denkzettel	17. Im Dunkeln tappen	25. Tohuwabohu
9. Seine Hand in Unschuld waschen		26. Ins Fäustchen lachen

☞ Du kannst mit den Zitaten auch selbst einen Text schreiben.

Kennst du dich in der Bibel aus?

☐ Der erste Satz der Bibel lautet: Am Anfang ....

....

☐ Ein Mann namens Noah baute ein Schiff, das .... genannt wurde, um Tiere und seine Familie vor der Sintflut zu retten.

☐ .... wurde von seinen Brüdern nach Ägypten verkauft.

☐ Die Bibel kennt .... Gebote. Wem werden sie überreicht? ....

☐ Nenne wenigstens drei Gebote. ....

....

☐ Menschen, die im Alten Testament auftraten, um sogar Königen zu sagen,

was Gottes Wille ist, nannte man ....

☐ Im Bauch eines Fisches soll .... gewesen sein.

☐ Die vier Evangelien wurden geschrieben von ....

....

☐ Der König, der Jesus nach dem Leben trachtete, hieß ....

☐ Jesus hielt eine berühmte Ansprache, die man heute .... nennt.

☐ In einem Gleichnis erzählt Jesus die Geschichte von einem, der es schafft,

wieder umzukehren. Es heißt: ....

☐ Zwei Jünger begegnen dem auferstandenen Jesus in ....

☐ Einer, der die Botschaft von Jesus in die Welt trug und deshalb viel

herumreiste, hatte zwei Namen. Er hieß .... und ....

☐ Es gibt einige Briefe in der Bibel. Nenne einen: ....

☐ Das letzte Buch der Bibel heißt ....

☞ Vergleicht die Ergebnisse in der Gruppe.
Wo gab es die meisten „Treffer", wo die wenigsten?

Lösung: ... schuf Gott Himmel und Erde; Arche; Josef; 10, Mose; z.B. Elterngebot; Propheten; Jona; Matthäus, Markus, Lukas, Johannes; Herodes; Bergpredigt; z.B. vom verlorenen Sohn; Emmaus; Paulus, Saulus; z.B. Römerbrief; Offenbarung /Apokalypse

Die Bibel in Bildern

Um vor allem Kindern und Jugendlichen die Bibel nahe zu bringen, wurden viele Jahrhunderte Bilder angefertigt, die das Lernen der biblischen Geschichten erleichtern. Vor etwa 50 Jahren entstanden diese Bilder zur Bibel durch die Künstlerin Paula Jordan.

☞ Welche Geschichten erkennst du ohne Hilfe?
☞ Ordne die auf S. 30 stehenden Überschriften den Bildern zu.
Für Spezialisten: Welche dieser Geschichte gehört zum Alten und welche zum Neuen Testament?

Josef und seine Brüder	Kreuzigung Jesu	Vertreibung aus dem Paradies
Schöpfung	David und Goliath	Israeliten werden verschleppt
Opferung Isaaks	Der verlorene Sohn	Turmbau zu Babel
Kain und Abel	Arche Noah	Jesus zieht in Jerusalem ein
Paulus auf Reisen	Weinwunder zu Kana	Bergpredigt Jesu
Jesus stillt den Sturm	Josef wird verkauft	Rebekka am Brunnen
Das letzte Abendmahl	Jesus heilt den Gelähmten	Daniel in der Löwengrube
Moses und die Zehn Gebote	Der brennende Dornbusch	Jesus heilt den Blinden
Zachäus	Salomo baut den Tempel	Das goldene Kalb
Der äthiopische Kämmerer	Kundschafter kommen zurück	Der barmherzige Samariter

III. Entdeckungen: Sich in der Bibel orientieren

„Entdeckungen" ermöglichen einen Erkenntnisgewinn. Zugleich schlagen die Materialien immer auch einen Bogen zur eigenen Erfahrung.

In den ersten Entdeckungen werden Grundinformationen und Grundhandfertigkeiten vermittelt und dadurch Sicherheit im Umgang mit der Bibel ermöglicht. Dazu gehört auch ein Überblick über die biblischen Bücher.

Bausteine:

Allgemeine Informationen

Thema	Kurzbemerkungen	Schwierigkeit	Seite
Was man über die Bibel wissen sollte	Kurzinformationen, die Begrifflichkeiten und Grundlagenwissen rund um die Bibel klären.	📖📖	32
Besonderheiten rund um die Bibel	Kurzinformationen zu Besonderheiten rund um die Bibel.	📖📖	33
Bibel – warum geschrieben?	Anhand von Lk 1, Apg 1 und 2. Tim 3 soll beispielhaft geklärt werden, warum biblische Geschichten aufgeschrieben wurden und welche Rolle für die frühen Christen die heiligen Schriften haben.	📖📖	34

Handwerkszeug

Thema	Kurzbemerkungen	Schwierigkeit	Seite
Arbeiten mit der (Luther-)Bibel	Voraussetzung ist, dass eine aktuelle Ausgabe der Lutherbibel den Lernenden zur Verfügung steht. Anhand exemplarischer Entdeckungsfragen werden Lernende hier auf die Reise durch die Lutherbibel geschickt.	📖	35
Biblische Bücher abkürzen	Hier wird in die Regeln des Abkürzens von biblischen Büchern eingeführt und anhand einer kleinen Übung ausprobiert.	📖	36
Bibelkuchen, Bibelsuppe	Mit Hilfe der Rezepte lernt man das Suchen von Textstellen in der Bibel. Gleiches geschieht auch mit der Übung ...	📖	37
... Bibelgarten	Auch hier geht es um das Finden von biblischen Texten. Alle drei Übungen kann man auch praktisch umsetzen.	📖	38

Bibelbücherei

Thema	Kurzbemerkungen	Schwierigkeit	Seite
Bibellied	Anhand des Gedichts, das nach verschiedenen Melodien gesungen werden kann, lernten schon Generationen von Jugendlichen die Ordnung der biblischen Bücher. Es bietet sich an, dieses Lied zu Beginn des Unterrichts zu singen.	📖	39
Bibelregal	Die Ordnung der biblischen Bücher wird gerne als Regal dargestellt, um den Aspekt der Bibel als einer ganzen Bücherei deutlich zu machen. Als Aufgabe empfiehlt es sich, einzelne Namen von Büchern zu löschen und Lernende nach fehlenden Büchern suchen zu lassen.	📖	40
Biblischer Buchstabensalat	In dem Buchstabengewirr stehen die Namen aller biblischen Bücher – ein spielerischer Zugang, um die Namen zu verinnerlichen.	📖📖📖	41
Ordnung der Bibel	Die Bibel wird in katholischen, protestantischen und in jüdischen Bibelausgaben unterschiedlich geordnet.	📖📖	42
Bibel-Bücherei: Was steht drin?	Kurz werden hier die Inhalte der biblischen Bücher vorgestellt. Dies kann im Rahmen eines Expertengesprächs erfolgen, in dem Einzelne ein Buch kurz vorstellen. Die Textschnipsel können in Form einer Bibliothek unterschiedlich als Buch umgesetzt und als eine „Ausstellung der biblischen Bücher" gestaltet werden.	📖	43-48

Thema	Kurzbemerkungen	Schwierigkeit	Seite
Bibelfußball	Das Spiel verschafft einen Überblick über grundlegende Bibelgeschichten und biblische Personen.	📖	49-52

Was man über die Bibel wissen sollte

Das Wort Bibel ...

... kommt vom griechischen Wort biblion = Buch. Dahinter steht der Name der Stadt Byblos. In deren Hafen wurde in früherer Zeit Papyrus verschifft.
So nannte man mehrere Papyrus-Blätter zusammen einfach nach der Stadt, aus der sie kamen.
Das Wort Bibel taucht übrigens in der Bibel selbst nicht auf.

Wie teilt man die Bibel ein?

In der Bibel gibt es Bücher, Evangelien, Briefe und die Offenbarung.
Die Bibel ist in **zwei Teile** und **66 Bücher (73 Bücher)** eingeteilt.

- Der erste Teil ist das **Erste oder Alte Testament (AT)**.
  Man nennt das Buch auch die hebräische Bibel, weil es die Heilige Schrift der Juden ist.
  Es umfasst 39 Bücher, die zumeist in hebräischer Sprache verfasst wurden.
- Der zweite Teil ist das **Zweite oder Neue Testament (NT)**.
  Es umfasst 27 Schriften: Evangelien, Apostelgeschichte, Briefe und Offenbarung.
- Darüber hinaus gibt es Schriften, die **Apokryphen** genannt werden.
  In katholischen und besonderen evangelischen Bibelausgaben sind sie auch mit dabei.
  Daher haben **katholische Bibelausgaben 73 Bücher**.
- Insgesamt waren es wohl **45 Autoren** unterschiedlicher Herkunft, die die Bibel so in einer langen Entstehungszeit verfasst haben.

Die Bibel in Zahlen:

	AT	NT	Zusammen
Bücher	39	27	66 (73)
Kapitel	929	260	1189
Verse	23 214	7959	31 173
Wörter	592 439	181 253	773 692

Insgesamt: 3 566 480 Buchstaben in der Lutherbibel

Das Wort **Testament** ...

... kommt aus dem Lateinischen. Es bedeutet das, was jemand verfügt und wozu jemand verpflichtet wird. Das Wort ist eine Übersetzung des hebräischen Wortes **Bund** (Berit).
Damit ist der Bund zwischen Gott und den Menschen gemeint.

Die **Sprachen** der Bibel: Die Israeliten sprachen Hebräisch. Das Alte Testament ist in Hebräisch geschrieben. Die Sprache Jesu war Aramäisch. Das Neue Testament ist aber in Griechisch geschrieben, weil dies eine Sprache war, die überall verstanden wurde.

Weit verbreitete **Deutsche Bibelübersetzungen** heute sind ...
- die **Lutherbibel**, die in den evangelischen Kirchen verwendet wird
- die **Einheitsübersetzung**, die in der katholischen Kirche verwendet wird
- die **Gute Nachricht Bibel**, eine ökumenische Übertragung der Bibel in die heutige Sprache
- die **Hoffnung für alle**, eine Übertragung in die heutige Sprache
- die **Elberfelder Bibel**, eine genaue Übersetzung des Urtextes
- die **Zürcher Bibel**, eine modernisierte Übersetzung des Reformators Huldrych Zwingli.

Bibel und Gottesdienst

Die Bibel steht bei Juden und Christen im **Gottesdienst** im Mittelpunkt:
Bei Christen liegt sie auf dem Altar.
Bei Juden steht die Tora (5 Bücher Mose) in einem Tora-Schrein und wird bei jedem Gottesdienst feierlich hervorgeholt.

Besonderheiten rund um die Bibel

Wusstest du schon ...?

Die größte Bibel der Welt ...
... ist eine Blindenschrift-Bibel. Sie umfasst 38 Bände,
braucht in einem Regal zwei Meter und wiegt über 60 Kilogramm.

Die kleinste Bibel der Welt ...
ist eine in Englisch geschriebene Microfiche-Bibel,
so groß wie eine Briefmarke (2,7 x 3 cm).

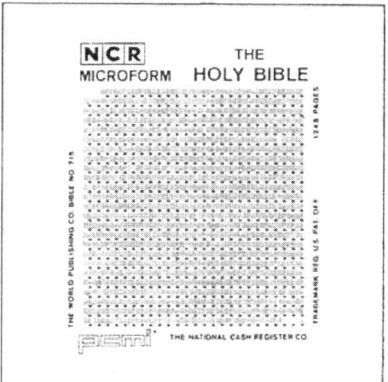

Die drei am häufigsten übersetzten Bücher sind:
Über 2400 Sprachen: Die Bibel
284 Sprachen: Micky Maus
276 Sprachen: Werke Lenins

Die ältesten uns erhaltenen Bibeltexte sind ...
- Altes Testament: ein Teil der Bücher Samuels aus der Zeit um 225 v.Chr.,
  gefunden in Qumran am Toten Meer.
- Neues Testament: Ein kleines Fragment aus dem Johannesevangelium um
  125 n.Chr.

Der schlimmste Druckfehler war ...
... als ein Bibeldrucker in England 1631 beim Vers 2. Mose 20,14 ein „nicht" vergessen hatte, sodass es in der Bibel hieß: „Du sollst ehebrechen." Dieser Fehler wurde
viele Jahre nicht bemerkt.

Weitere Besonderheiten in der Bibel:

Der am **häufigsten genannte Name in der Bibel** ist ...
... David (1118 Mal)

Der **längste Name der Bibel** ist ...
... „Schnelle Beute – rascher Raub" (Maher-Schalal-Hasch-Bas: Jes 8,1).
Martin Luther übersetzte: Raubebald-Eilebeute.

Der **älteste Mensch der Bibel** ...
... ist Metusalem (oder Metuschelach: Gen 5, 27).
Er starb im Alter von 969 Jahren.

Biblische Bücher ohne Gott ... ?
In zwei Büchern kommt das Wort Gott nicht vor:
Im Buch Esther und dem Hohelied Salomos.

Bibel – warum geschrieben?

Die meisten Geschichten der Bibel wurden von uns unbekannten Schriftstellern verfasst. Warum aber wurden die biblischen Geschichten aufgeschrieben?
Am Anfang des **Lukas-Evangeliums** finden wir folgenden Hinweis:

> **1** Schon viele haben versucht, die Ereignisse zusammenhängend darzustellen, die Gott unter uns geschehen ließ und mit denen er seine Zusagen eingelöst hat.
> **2** Diese Ereignisse sind uns überliefert in den Berichten der Augenzeugen, die von Anfang an alles miterlebt hatten und die den Auftrag erhielten, die Botschaft Gottes weiterzugeben.
> **3** So habe auch ich mich dazu entschlossen, all diesen Überlieferungen bis hin zu den ersten Anfängen sorgfältig nachzugehen und sie für dich, verehrter Theophilus, in der rechten Ordnung und Abfolge niederzuschreiben.
> **4** Du sollst dadurch die Zuverlässigkeit der Lehre erkennen, in der du unterwiesen wurdest.
>
> Aus: Gute Nachricht Bibel

☞ Vergleicht den Text mit Apostelgeschichte 1, 1–3.
Fasst zusammen, warum Lukas die Ereignisse aufschreibt.

Ein zweiter Hinweis findet sich im Umfeld des **Paulus** (Bild: antikes Mosaik). Er beschreibt, wofür heilige Schriften gut sind (2. Tim 3, 14–17).

> **14** Du aber bleibe bei dem, was du gelernt und worauf du dein Vertrauen gesetzt hast. Du weißt, wer deine Lehrer waren,
> **15** und du kennst auch seit deiner Kindheit die heiligen Schriften. Sie können dich den Weg zur Rettung lehren, die dir zuteil wird durch den Glauben, der sich auf Jesus Christus gründet.
> **16** Sie dienen dir aber auch bei deiner Aufgabe als Lehrer der Gemeinde. Denn jede Schrift, die von Gottes Geist eingegeben wurde, ist nützlich für die Unterweisung im Glauben, für die Zurechtweisung und Besserung der Irrenden, für die Erziehung zu einem Leben, das Gott gefällt.
> **17** Mit den heiligen Schriften in der Hand ist der Mensch, der sich Gott zur Verfügung gestellt hat, ausgerüstet für alle Aufgaben seines Dienstes.
>
> Aus: Gute Nachricht Bibel

☞ Fasst die Aussage des Autors zusammen und diskutiert miteinander, wofür heilige Schriften gut sind?

Arbeiten mit der (Luther-)Bibel

Aktuelle Ausgaben der Lutherbibel sind mehr als eine Bibel.
Sie bieten eine umfassende Hilfe im Umgang mit dem Buch der Bücher.
In ihnen finden sich zum Beispiel ...

- Hinweise für den Leser
- Inhaltsangaben
- Wo finde ich was?
- Abkürzungen der biblischen Bücher
- Maße, Gewichte und Geldwerte zur Zeit der Bibel
- Sach- und Worterklärungen
- Hinweise zur Schreibung von Eigennamen
- Eine Zeittafel zur biblischen Geschichte
- Eine Zeittafel zur Überlieferung der Bibel
- Stichwortverzeichnis (Wo finde ich was?)
- Landkarten

☞ Schlag in der **Inhaltsangabe** nach:
Man unterteilt grob den Inhalt des Alten und des Neuen Testaments
mit sechs Überschriften, nämlich ...

☞ Schlag nach bei **Wo finde ich was?**
Wo findet man etwas zum Himmelfahrtsfest?

☞ Schlag nach bei **Maße, Gewichte, Geldwerte:**
Was ist ein Stadion? Was ein Talent?

☞ Schlag nach bei **Sach- und Worterklärungen**: Was steht da über „Adam"?

☞ Schlag nach bei den **Zeittafeln zur biblischen Geschichte.**
AT: Wann ungefähr wurde der Tempel in Jerusalem gebaut?
NT: Wann war Pontius Pilatus Statthalter in Jerusalem?

☞ Schlag nach bei der **Zeittafel zur Überlieferung der Bibel**:
Was geschah 1522?

☞ Schlag nach im Stichwortverzeichnis: **Wo finde ich was**?
Wo ist die Bergpredigt zu finden?

☞ Schlag bei den **Landkarten** nach: Wo endete die letzte Reise des Paulus?

Biblische Bücher abkürzen

Wenn Menschen über die Bibel reden oder über sie schreiben, benutzen sie meist Abkürzungen. Wer die Bibel zitiert, der schreibt nicht

**„Ich finde dies im ersten Buch Samuel, im achten Kapitel,
der ersten Hälfte des zweiten Verses und im vierten Vers."**

Dies wäre viel zu lang. Kürzer schreibt man daher:

1. Sam 8, 2a. 4

Abkürzungen beim Zitieren:

1. Sam	**= erstes Buch Samuel.**
	Achtung! Es gibt auch „Evangelien", „Briefe"..., z.B.
	Mk = Evangelium nach Markus
	Röm = Römerbrief oder Brief des Paulus an die Römer
8,	**= Kapitel 8**
2	**= Vers 2**
a	**= die erste Hälfte des Verses**
Punkt (.)	**= und**
4	**= Vers 4**

Anders wäre es, wenn beispielsweise hier stünde **1. Sam 8, 2–4** = **Vers 2 bis 4**
Bindestrich (–) = bis
Ein anderes Beispiel: **1. Sam 8, 2; 9.** Ein Strichpunkt (;) und dahinter eine Zahl =
1. Samuel, Kapitel 8, **Vers 2 und das Kapitel 9.**

Wenn es heißt 1. Sam 8, **3f.,** dann meint dies: Vers drei und der folgende Vers.
Wenn es heißt 1. Sam 8, **3ff.** dann meint dies: ab Vers drei der gesamte Abschnitt.

☞ Schreibe folgende Abkürzungen ganz aus.
Achte darauf, ob du es mit einem Buch, einem Evangelium oder mit einem Brief zu tun hast.

2. Mose 20, 2. 6 ....

....

Gal 6, 2a

....

....

Mk 2, 23–28; 3

....

....

Wie die Einteilung der Bibel entstanden ist:

Zu Beginn wurden die Wörter der Bibel, um den wertvollen Beschreibstoff Papyrus oder Pergament zu sparen, eng zusammen geschrieben.
Um 1205 wurde in Paris durch Stephan Langton die Einteilung in Kapitel erfunden. Er wollte für Diskussionen über die Bibel ein Hilfsmittel haben, um so Bibelstellen leichter zu finden. **Um 1550** wollte der Pariser Drucker Robert Etienne die Einteilung verbessern. Er teilte auf einer Reise nach Lyon zu Pferd eine griechisch-lateinische Ausgabe des Neuen Testaments in Verse ein. **1568** erschien in Heidelberg die erste deutschsprachige Bibel mit dieser Verseinteilung.

Bibelkuchen und Bibelsuppe

Bibelkuchen

Aus einem alten schwäbischen Kochbuch stammt die Idee eines Bibelkuchens. Dazu muss man in der Bibel blättern und herausfinden, was in den Kuchen alles hineingehört. Handle im Sinne von 1. Mose 18, 6b:

1.   250 g Sprüche 30, 33   _____

2.   6 Jeremia 17, 11   _____

3.   2 Tassen Richter 14, 18   _____

4.   4 ½ Tassen 1. Könige 5, 2   _____

5.   3 Teelöffel 2. Mose 30, 36a   _____ (Back.......)

6.   2 Tassen Nahum 3, 12   _____

7.   je 2 Tassen Samuel 30, 12   _____ (ohne Kuchen)

8.   1 Tasse 4. Mose 17, 23   _____ (klein schneiden)

9.   etwas 3. Mose 2, 13   _____

10.   1 Päckchen Jeremia 6, 20   _____ (wie bei Lebkuchen)

11.   ca.1 Tasse Richter 4, 19   _____

Wie bei einem Rührteig Zutaten 1. bis 5. nacheinander tüchtig schlagen und vermengen. Danach die restlichen Zutaten zufügen, von 11. nur so viel, wie nötig ist für einen halbfesten Teig. Am besten eine Kranz- oder eine Springform gut einfetten, mit Bröseln ausstreuen, bevor der Teig eingefüllt wird. Backen bei ca. 180 Grad Celsius etwa 50 min.
Grundsätzliches: Es gilt auf jeden Fall: Nehemia 3, 38b und schließlich beim Kuchenessen gilt Lukas 14, 12–14.

Bibelsuppe

1. Folgende Zutaten 1 ½ Stunden kochen:
- zwei Liter Joh 4, 7
- 2–3 Teelöffel Mt 5, 13
- etwas vom dritten Gewürz Mt 23, 23
- 250 g Mt 22, 4
- 150 g Lk 15, 15
- evtl. ein paar Klöße aus Heb. 4, 12

2. Diese Zutaten später hinzufügen
- 150 g Lk 11, 42 (beginnt mit G...)
- 150 g Lk 15, 16 (was den Schweinen schmeckt)

3. Auch möglich hinzuzufügen:
- in Maßen die letzte Zutat aus 4. Mose 11, 5
- das Zweite aus Mt 23, 23

Bibelgarten

Wer einen Bibelgarten pflanzen möchte, der muss wissen, welche Pflanzen in der Bibel vorkommen.

Sucht in der Bibel bei folgenden Bibelstellen:

Blumen und Duftpflanzen	Würz- und Bitterkräuter	Feldfrüchte
Mt 6, 28	Lk 17, 6	Rut 2, 23
-----------------------------	-----------------------------	-----------------------------
Mt 2, 11	Jes 28, 27	1. Mose 25, 34
-----------------------------	-----------------------------	-----------------------------
Hld 4, 14	Lk 11, 42	2. Kön 4, 39
-----------------------------	-----------------------------	-----------------------------
	-----------------------------	4. Mose 11, 5
	2. Mose 16, 31	-----------------------------
	-----------------------------	-----------------------------
	1. Kön 5, 13	-----------------------------
	-----------------------------	-----------------------------
	Klgl 3, 15	-----------------------------
	-----------------------------	-----------------------------
	2. Mose 12, 8	-----------------------------
	-----------------------------	Mt 13, 25

☞ Empfehlenswert hierzu zu lesen ist das Gleichnis Mt 13, 25–30.

Bibellied

Dieses Gedicht wird schon seit Jahrhunderten verwendet, um die Namen der biblischen Bücher kennen und auswendig zu lernen.
Man kann es mit verschiedenen Melodien singen:
Probiert es einmal mit „Auf der schwäbschen Eisenbahn ...".
Es geht übrigens auch auf die Melodie der Nationalhymne.
Man kann den Text natürlich auch als Sprechgesang umsetzen.
Die Buchstaben über den Strophen sind Gitarrenakkorde.

```
G                            C
```
In des Alten Bundes Schriften merke dir an erster Stell:
```
D          G   C      D        G
```
Mose, Josua und Richter, Ruth und zwei von Samuel.
```
G                            C
```
Zwei der König, Chronik, Esra, Nehemia, Esther mit,
```
D          G          C    D   G
```
Hiob, Psalter, dann die Sprüche, Prediger und Hoheslied.

Jesaja, Jeremia, Ezechiel und Daniel,

dann Hosea, Joel, Amos, Obadja und Jona´s Fehl.

Micha, welchem Nahum folget, Habakuk, Zephania,

nebst Haggai, Sacharja und zuletzt Malachia.

Apokryphen:
Judith, Weisheit und Tobias, Sirach, Baruch und sodann
Makkabäer, Stück in Esther, und was Daniel getan
mit Susanna, Bel dem Drachen, Asarjas ernste Bitt,
samt dem Lob im Feuerofen und Manasses Tränenlied.

In dem Neuen steht Matthäus, Markus, Lukas und Johann,

samt den Taten der Apostel unter allen vornean.

Dann der Römer, zwei Korinther, Galater und Epheser,

der Philipper und Kolosser, beide Thessalonicher.

An Timotheus und Titus, Philemon und Petrus zwei,

drei Johannes, der Hebräer, Jakob, Judas Brief dabei.

Endlich schließt die Offenbarung das gesamte Bibelbuch.

Mensch, bewahre was du liesest, dir zum Segen, nicht zum Fluch.

Bibelregal

☞ In dem Bibelregal wurde sowohl bei den Regalschildern als auch bei den Buchrücken etwas vergessen. Sieh ins Inhaltsverzeichnis deiner Bibel und trage es nach.

☞ In dem Bibelregal siehst du 73 Schriften. Eine Luther-Bibel zählt .... Schriften. Hier sind auch die so genannten Apokryphen dabei. Du kannst die Buchrücken mit Holzfarbstiften unterschiedlich färben. Schreibe neben das Regal die Anzahl der Bücher, die in der Regalreihe sind.

Biblischer Buchstabensalat

☞ In dem Rätsel sind alle Namen der biblischen Bücher versteckt.
Du brauchst nur senkrecht und waagerecht zu lesen.
Zur besseren Sortierung solltest du sie umrahmen.

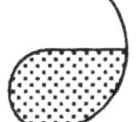

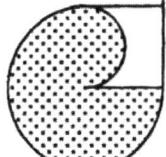

```
J E S U S J O E L B H I O B T U M N
O H R E C D A V I D L Ö N F S F A E
N O J A K O B U S U S F L R S E C H E
A J A K O B A L A T H E R G E C F T H E
G Z T X G E L I E D E R G E S A R V N Ä M I
K L A M A G U S T E L O J F S E W I E S K A Z
L U M I M O T U C H E U S B K S W G Z A S K Z E
K A S P R Ü C H E M T R O R J R H J T Z W F
A B R A H A M P D G S T A L L K H E Ü A N
S E I T E T P R V G U E Q E D F E U T N I
N F G A M W R E S W A E F H J K F R Ü S A W
G K V M O M K D A N A E M A R K A I T J A P
C J D O S E K I E L Z H A G G A I E O S J E O
X H E S E R G G H R U T L D F G H T E S S T
V A T E R T R T L I Ö S A H P Z P T G A J E
K A I S E T F R T Z R A C H P S Ü E R U A L
E T G O L F R T L Ö R A M S R T R U G G A G
B I B E L M I A S R O M U I S T E T S E A E
J E R E M I A S R O U E I T T R G S S S A L
K O R I N T H E R P E E L U F T U G E T C H
A P I L A T U S D A N I E L N F T S L G H I
I L I A S W D J O H A N N E S O H I E S C Y
N E R T H T E R M L A B Y L O N I G E S C H
R I C O S E F E B A B Y L O N F R S A H H I
E J O J D E N H O H E S L I E D E B R T L I M
D W U F O Z R E P H E B P A B S K L O N C I R
C H U G A K J E P H E S E R K K P N I H R J
H B D A H J T H H I D N A H U M S I C T O A
R N A H Ö F G H I S F L S D F U S C H E Y M
O M S F L D F G L G N T I T T U D H E H M A K
N T H K L D F G L I H E H Ö T E R R E H M I O
I M O B A D J A I H G E R Ö M E R R E H R J P
K I G H J K N F P T C R T J Z T J R O A M A
A C D F G H K L P J K T J H J K K O M K O
N H A B A K U K E B D G H J A U L T F O P
A E U I O J K L R Q W R P A N L T H R P A
A E S R A H P H I L E M O N G H E T J A
N L R T Z R E T Z A A R Ä E R H J E T M K
F D H A L L H E B R Ä E R H K O T R G G O P
T H A L T E R G B K O L O S S E R S E U I B A
W A O L T E R G B K O L O L E F Z U I G B A
J O H A N N E S B R I E F N U M I C H O P
O F F E N B A R U N G N U M I C H A
```

ReliBausteine 3 · Bibel 41 Calwer – EPV – RPE

Ordnung der Bibel

Nimmt man verschiedene Bibeln zur Hand, so kann es einem vorkommen, dass nicht alles „in Ordnung" ist.

☞ Vergleiche den Aufbau der **Luther-Bibel** mit der katholischen **Einheitsübersetzung**. Wenn man keine zur Hand hat, kann man im Internet vollständige Ausgaben finden. Wo sind Gemeinsamkeiten, wo Unterschiede im Aufbau der beiden?

Der Aufbau des Neuen Testaments ist bei der Luther-Bibel und der Einheitsübersetzung ähnlich. Im Neuen Testament sind die Evangelien von besonderer Bedeutung. Für die frühe Kirche war das Matthäusevangelium besonders wichtig. Deshalb steht es vorne. Wäre das Neue Testament nach dem Alter geordnet, würden die Paulusbriefe ganz vorne stehen. Die Paulusbriefe sind nach Adressaten geordnet. Zuerst kommen die Briefe an die Gemeinden. Dann kommen die Briefe an Einzelpersonen. Die Größeren der Briefe stehen jeweils am Anfang.

Eine **jüdische Bibel** ordnet die biblischen Bücher ebenfalls anders.
Sie umfasst nur den ersten Teil der Bibel, den wir das Alte Testament nennen.
Hebräisch nennt man ihn Tenach: **Tora – Nebiim – Ketubim**.
Sie ist folgendermaßen gegliedert:

Tora: d.h. „Weisung"
- Fünf Bücher Mose

Nebiim: d.h. „Propheten"
- „Vordere Propheten": Josua, Richter, Samuelbücher, Königsbücher
- „Hintere Propheten" Jesaja, Jeremia, Ezechiel
- „Zwölf kleine Propheten"

Ketubim: d.h. „Schriften"
- Psalmen, Hiob, Sprichwörter
- „Festrollen": Rut, Hohelied, Kohelet, Klagelieder, Ester
- Daniel, Esra, Nehemia, Chronikbücher

Die Abfolge richtet sich nach der Bedeutung der Bücher und nach der Zeit, wann sie als heilige Schriften anerkannt wurden. Beispielsweise wurde das Buch Daniel erst spät (um 165 v.Chr.) vollendet und in die Schriften aufgenommen.
Neben der Tora sind die **Festrollen** besonders wichtig. Bei folgenden Festen werden sie eingesetzt:
- Wochenfest: Rut
- Pessach: Hohelied
- Laubhüttenfest: Kohelet
- Gedenktag der Zerstörung des Tempels: Klagelieder
- Purim: Ester

☞ Auch die Namen der Bücher sind in der Tora anders.
Sie sind die Anfangsworte des Buches in der hebräischen Sprache.
Finde heraus, welche Bücher im Hebräischen so bezeichnet werden:

- in der Wüste =
- Worte =
- Im Anfang =
- Er rief =
- Namen =

Bibelbücherei: Was steht drin?

Die Bibel ist nicht einfach ein Buch.
Die Bibel ist eine Sammlung von Büchern, eine ganze Bücherei.
Worum geht es in den einzelnen Büchern?
Einen Einblick sollen die kurzen Hinweise geben.

Kreativideen:

Diese Bibelbücherei kann man folgendermaßen einsetzen:

- Alle Texte werden ausgeschnitten.
- Die Texte werden in der Gruppe verteilt.
- Wer einen Text hat, der schaut sich in der Bibel das Buch im Überblick an.
- Dann stellt er als „Experte" das jeweilige Buch den anderen kurz vor.
- Zuvor oder danach werden „Bücher" gebastelt, in die die Texte hineinkommen.

Folgende **Möglichkeiten der Umsetzung** gibt es hierzu:

DIN-A4-Blatt:
Nimm ein einfaches DIN-A4-Blatt und falte es.
Schreibe/Gestalte auf der Vorderseite den Namen des Buches.
Auf die rechte Innenseite klebst du dann den Text.
Auf der linken Seite kannst du, wenn Zeit bleibt, ein Bild zu einer Geschichte aus dem Buch, einer Person oder zu einem wichtigen Text malen oder dessen Inhalt – anders umsetzen.

Biblische Streichholzschachteln:
Man kann kleine Bücher aus Streichholzschachteln herstellen. Auf Etiketten werden die Namen der Bücher geschrieben, die auf die Streichholzschachteln geklebt werden. In die Streichholzschachtel kommen dann die Textstreifen.

Biblische Tongefäße:
Aufwändiger ist eine Bibelbibliothek in Tongefäßen, weil diese Tongefäße getöpfert werden müssen.
Dazu werden die Texte auf ein Blatt geklebt.
Zwei Holzstäbe (Spieße) werden am Rand befestigt.
So hast du eine kleine Schriftrolle.
Dann kommen die Schriftrollen in die Töpfe.

Abschließend werden die einzelnen biblischen Bücher der Gruppe vorgestellt.
Wer sein Buch vorgestellt hat, stellt es an die richtige Stelle im Bibelregal.

Bücher des Alten Testaments

Das ERSTE BUCH MOSE *(Das Buch wird auch „Genesis" genannt)*

erzählt vom Anfang der Erde. In dem Buch finden sich auch die Geschichten von Noah, dem Turm von Babel, von Abraham und Sara, Isaak, Jakob, von Josef und seinen Brüdern.

Das ZWEITE BUCH MOSE *(Das Buch wird auch „Exodus" genannt)*

erzählt von der Geburt des MOSE, wie er heranwächst und später unter Gottes Führung die unterdrückten Israeliten aus Ägypten heraus zum Berg Sinai führt, wo das Volk die Zehn Gebote erhält.

Das DRITTE BUCH MOSE *(Das Buch wird auch „Levitikus" genannt)*

enthält eine Menge Vorschriften für die Priester Israels, die den Gottesdienst betreffen; sie sollen verhindern, dass das Volk Gottes sich fremden Göttern zuwendet. Aber es gibt auch Anweisungen, wie die Menschen miteinander umgehen sollen: „Liebe deinen Nächsten wie dich selbst!" (Kapitel 19, Vers 18).

Das VIERTE BUCH MOSE *(Das Buch wird auch „Numeri" genannt)*

nennt zuerst weitere Gebote und Anweisungen; dann erzählt es vom Aufbruch des Volkes Israel vom Sinai und die Wanderung durch die Wüste bis zum Fluss Jordan. Viele Ereignisse werden hier berichtet. So wird die Geschichte vom Seher Bileam erzählt, dem Aufstand einer Gruppe gegen Moses oder von den ersten Kundschaftern, die nach Kanaan gingen und eine riesige Traube mitbrachten.

Das FÜNFTE BUCH MOSE *(Das Buch wird auch „Deuteronomium" genannt)*

wiederholt noch einmal die Gebote und wichtigsten Gesetze, die Gott dem Volk Israel gegeben hat. Am Ende wird von der Ablösung des MOSE durch JOSUA berichtet: Mose stirbt und Josua wird zum Anführer der Israeliten.

Das Buch JOSUA

hat seinen Namen von dem Nachfolger des Mose, der Josua heißt. Es erzählt von der Eroberung des Landes Kanaan durch Israel und wie das Land auf die zwölf Stämme Israels verteilt wurde.

Das Buch der RICHTER

erzählt über die Zeit, in der es in Israel noch keinen König gab. Immer wieder drohte das Volk unterzugehen, weil es sich von Gott abwendete. Dann aber schickte Gott einzelne Führer, die man auch „Richter" nannte, um sein Volk zu retten. Ein besonders wichtiger Führer war Simson (Ri 13 bis 16).

Das Buch RUT

erzählt die Geschichte der Ausländerin Rut. Nach dem Tod ihres Mannes folgt sie treu ihrer Schwiegermutter, findet einen Beschützer und einen neuen Mann. Sie ist die Urgroßmutter des großen Königs David. Dieses Buch zeigt, wie Gott durch Notlagen führen und die Not zu einem glücklichen Ende bringen kann.

Die beiden SAMUELBÜCHER (1. Samuel)

waren früher nur ein Buch. Es wird die Geschichte von David erzählt, wie er König wurde und wie das Volk Israel unter ihm eine große Blütezeit erlebte. Es wird aber auch nicht verschwiegen, dass David Fehler machte: David zerstörte eine Ehe und wollte die Folgen mit einem Mord vertuschen (Kapitel 11).

Die beiden SAMUELBÜCHER (2. Samuel)

waren früher nur ein Buch. Es wird die Geschichte von David erzählt, wie er König wurde und wie das Volk Israel unter ihm eine große Blütezeit erlebte. Es wird aber auch nicht verschwiegen, dass David Fehler macht: David zerstörte eine Ehe und wollte die Folgen mit einem Mord vertuschen (Kapitel 11).

Die BEIDEN KÖNIGSBÜCHER (1. Könige)

waren ursprünglich nur ein Buch. In ihnen wird über König Salomo, den Sohn und Nachfolger Davids, erzählt. Er war ein weiser König. Unter seiner Regierung erlebte Israel eine lange Friedenszeit, in der auch der Tempel in Jerusalem errichtet wurde. Nach seiner Herrschaft zerfiel das Königreich in zwei getrennte Reiche mit eigenen Herrschern. Viele waren Gott untreu. Im zweiten Buch der Könige wird der Untergang der beiden Reiche so begründet: Man ist Gott ungehorsam geworden und hat sich nicht nur auf ihn, sondern auch auf Götzenbilder verlassen (Kapitel 17).

Die BEIDEN KÖNIGSBÜCHER (2. Könige)

waren ursprünglich nur ein Buch. In ihnen wird über König Salomo, den Sohn und Nachfolger Davids, erzählt. Er war ein weiser König. Unter seiner Regierung erlebte Israel eine lange Friedenszeit, in der auch der Tempel in Jerusalem errichtet wurde. Nach seiner Herrschaft zerfiel das Königreich in zwei getrennte Reiche mit eigenen Herrschern. Viele waren Gott untreu. Im zweiten Buch der Könige wird der Untergang der beiden Reiche so begründet: Man ist Gott ungehorsam geworden und hat sich nicht nur auf ihn, sondern auch auf Götzenbilder verlassen (Kapitel 17).

Die Bücher der CHRONIK (1. Chronik)

bilden zusammen mit den Büchern Esra und Nehemia ein zusammenhängendes Werk. Es wurde nach dem Aufenthalt des Volkes Gottes in Babylon geschrieben und erzählt in großen Teilen noch einmal, was schon in den Samuel- und Königsbüchern aufgeschrieben wurde. Noch einmal wird betont: Weil die Menschen Gott untreu wurden, haben fremde Könige die Macht über sie gewonnen.

Die Bücher der CHRONIK (2. Chronik)

bilden zusammen mit den Büchern Esra und Nehemia ein zusammenhängendes Werk. Es wurde nach dem Aufenthalt des Volkes Gottes in Babylon geschrieben und erzählt in großen Teilen noch einmal, was schon in den Samuel- und Königsbüchern aufgeschrieben ist. Noch einmal wird betont: Weil die Menschen Gott untreu wurden, haben fremde Könige die Macht über sie gewonnen.

Das Buch ESRA

gehört mit den beiden Chronikbüchern und mit Nehemia zusammen. Es erzählt, wie der Perserkönig Kyrus erlaubte, dass alle Menschen in seinem Reich, die an Gott glaubten, in ihre Heimat zurückkehren und den zerstörten Tempel wieder aufbauen durften. Ein Priester mit dem Namen Esra sollte darüber wachen, dass keine fremden Götter verehrt wurden.

Das Buch NEHEMIA

gehört mit den beiden Chronikbüchern und mit Esra zusammen. Es ist nach einem Mann mit dem Namen Nehemia benannt, der als persischer Statthalter die Reformen Esras unterstützen sollte. Außerdem hatte er den Auftrag, die zerstörten Stadtmauern Jerusalems wieder aufbauen zu lassen.

Das Buch ESTER

Nicht alle Angehörigen des Volkes Gottes waren nach Israel zurückgekehrt, als der Perserkönig KYRUS dies erlaubte. Manche blieben als Fremde in Babylon. Das Buch Ester erzählt, wie es ihnen ergehen konnte, wenn sie an ihrem Glauben festhielten: man lehnte sie ab oder man drohte ihnen sogar mit Mord. Haman war ein solcher Feind der Juden. Sein Plan, alle Juden im großen Perserreich töten zu lassen, gelingt nicht, weil Ester sich für sie einsetzt. An diese Geschichte erinnern sich die Juden bis auf den heutigen Tag im Purim-Fest, einem Freudenfest.

Das Buch HIOB

erzählt von einem Mann, der in einer Reihe von Unglücksfällen alle seine Kinder und seinen ganzen Besitz verliert. Schließlich wird er noch von einer abstoßenden Krankheit befallen. Weil er ein frommer Mann ist, der Gott immer gehorsam war, entsteht die Frage: Warum lässt Gott dieses Unglück zu? Seine Freunde versuchen, diese Frage Hiobs zu beantworten. Schließlich meldet sich Gott selbst zu Wort. Am Ende wird Hiob reichlich beschenkt und gesegnet.

Das Buch der PSALMEN

ist das Liederbuch des Alten Testaments. Es enthält 150 unterschiedlich lange Psalmen: Klagelieder, Loblieder, Danklieder, Königslieder und viele andere Lieder. Diese Lieder stammen aus verschiedenen Zeiten.

Das Buch der SPRÜCHE („Sprichwörter")

enthält viele Weisheiten aus unterschiedlichen Jahrhunderten der Geschichte des Volkes Israel. Hier zeigt sich, dass Gott auch aus den kleinen und kleinsten Erfahrungen im Alltag nicht wegzudenken ist. Wer sein ganzes Leben in Verantwortung vor Gott lebt, ist ein „weiser" Mensch. Dieses Buch wurde wahrscheinlich als „Schulbuch" benutzt.

Das Buch PREDIGER

Wie das Buch der Sprüche, so ist wahrscheinlich auch das Buch Prediger in der Tempelschule in Jerusalem als Schulbuch verwendet worden. Der Prediger will zeigen, dass uns Menschen vieles sinnlos erscheint. Wir müssen nicht alle Rätsel lösen wollen, sondern dürfen getrost genießen, was Gott uns schenkt. Gott kennt den Sinn, der hinter den Rätseln des Lebens steckt.

Das HOHELIED

ist eine Sammlung von Liebesliedern. So, wie zwei Menschen sich gerne haben und dies einander zeigen, hat auch Gott die Menschen lieb, die zu ihm gehören.

JESAJA

Jesaja war ein Prophet, also einer, der sagen sollte, was Gott ihm in den Mund legte. So prangerte Jesaja die Sünden und den Ungehorsam gegenüber Gott an; er sagte auch, dass Gott sein Volk bestrafen würde, wenn es sich nicht besserte. Weil die Menschen aber nicht hörten, traf die Strafe ein: Die mächtigen Babylonier besiegten Israel und führten viele Israeliten in die Gefangenschaft.

Ab Kapitel 40 finden sich freundlichere und tröstende Sätze im Jesaja-Buch, nämlich: „Gott lässt seine Leute auch in bösen Lagen nicht im Stich! Er wird die Gefangenen in ihre Heimat zurückbringen!" Auch diese Ansage wurde Wirklichkeit.

JEREMIA

war ein Priestersohn aus der Nähe von Jerusalem und Prophet, der hauptsächlich gegen die Bosheit und den Ungehorsam der Menschen reden musste. Wie Jesaja musste auch Jeremia Gottes Strafandrohung weitersagen. Weil er die Menschen aber liebte, taten ihm diese Drohungen selber sehr weh. Warum wollte kein Mensch die Warnungen hören? So sah Jeremia deutlich die Katastrophe kommen: die Zerstörung Jerusalems und des Tempels sowie eine lange Gefangenschaft für die Israeliten. Daneben aber finden wir Gottes tröstende Zusage, dass er einen neuen Bund mit seinem Volk schließen werde.

Das Buch der KLAGELIEDER

gehört eigentlich eher zu den Psalmen als zum Buch Jeremia. Aber weil schon Jeremia geklagt hatte, nahm man an, dass die Klagelieder von Jeremia gedichtet wurden. Es sind Gedichte zum Gedenken an die Zerstörung des Tempels und der Stadt Jerusalem. Sie wollen dazu bringen, das erlittene Unheil als selbst verschuldete Strafe aus Gottes Hand anzunehmen.

HESEKIEL (EZECHIEL)

stammt aus einer Priesterfamilie; auch er war ein Prophet. Er redete zu den Menschen in der Babylonischen Gefangenschaft und machte ihnen Hoffnung: „Gott wird bald eingreifen und unsere Lage zum Guten wenden. Er wird einen neuen Tempel und eine neue heilige Stadt gründen."

DANIEL

war ein Bote Gottes, ein Prophet. Er lebte mit seinen Freunden als Diener am Hofe des Königs von Babylon. Er glaubte unerschütterlich an Gott. Er konnte Träume deuten und selber deutlich träumen. In vier Träumen („Visionen") sah er, wie es in der Geschichte weitergehen sollte: Vier große Weltreiche würden sich nacheinander ablösen – und am Ende bleibt Gott der Herr und Lenker aller Ereignisse! Damit sollte Daniel den mutlos und hoffnungslos gewordenen Menschen neue Hoffnung bringen. Eine sehr bekannte Geschichte: Daniel wird in die Löwengrube geworfen und Gott rettet ihn.

HOSEA

war ein Prophet, ein Bote Gottes. Er lebte im Nordreich. Er wies hauptsächlich darauf hin, dass das Volk Israel Gott untreu geworden war, indem es andere Götter neben Gott verehrte. Das vergleicht Hosea mit einem Ehepaar, wo einer dem anderen untreu geworden ist. Hosea kündigt aber nicht nur die Strafe Gottes gegen das untreu gewordene Volk Israel an, sondern sagt auch, dass Gottes Liebe über seinen Zorn siegen wird.

JOEL

war ein Prophet, ein Bote Gottes. Er redet vor allem vom „Tag Gottes"; das ist der Tag, an dem Gott Gericht halten wird. Joel sieht in einer Heuschreckenplage den Beginn dieses Gottesgerichts. Wenn das Volk Gottes den bösen Weg verlässt, wird Gott im Gericht gnädig sein. Joel redet auch von der „Ausgießung des Geistes" über das Volk Gottes. Diese Ansage sieht später die Apostelgeschichte im Pfingstgeschehen als erfüllt an.

AMOS

ist der erste Bote Gottes (Prophet), dessen Worte uns in einem nach ihm benannten Buch schriftlich überliefert sind. Amos war Schafzüchter und stammte aus Tekoa, einem Dorf nahe bei Jerusalem. Gott rief ihn von seiner Arbeit fort, um das Volk Israel zu ermahnen: „Hört auf, die Armen zu unterdrücken – sonst wird Gott euch hart bestrafen. Gott will keine herrlichen Gottesdienste, sondern Gerechtigkeit." Damit schuf er sich viele Feinde.

OBADJA

war ein Prophet, ein Bote Gottes. Er ist der Verfasser des kürzesten Prophetenbuches in der Bibel. Seine Botschaft richtet sich gegen das Volk Edom, das sich beim Untergang Jerusalems (587 v.Chr.) böse benommen hat.

JONA

heißt der Mann, der als Bote Gottes (Prophet) in die Stadt Ninive gehen sollte, um die Menschen dort vor Gottes Strafe zu warnen. Jona wollte diesen Auftrag Gottes nicht erfüllen; er wollte fliehen, doch Gott bringt ihn in Seenot, lässt ihn durch einen großen Fisch retten und führt ihn nach Ninive. Dieses Büchlein zeigt, dass Gott sich auch über fremde Länder erbarmt, wenn diese von ihrem bösen Tun ablassen und sich dem Guten zuwenden.

MICHA

war ein Bote Gottes, ein Prophet. Er lebte zur Zeit Jesajas und redete unerschrocken gegen die ungerechten Reichen, gegen bestechliche Richter und Priester und gegen das törichte Volk. Obwohl er Unheil ankündigen sollte, finden sich in seinem Buch auch Aussagen darüber, dass Gottes Liebe stärker ist als sein Zorn.

NAHUM

war ein Bote Gottes, ein Prophet. Er lebte in der Zeit Jeremias – also um 620 v.Chr. Er kündigte der Hauptstadt des feindlichen Assyrerreiches, Ninive, den Untergang an. Bei Nahum fehlen die Unheilsworte gegen das eigene Volk.

HABAKUK

war ein Bote Gottes, ein Prophet. Sein Büchlein beklagt die Not des Volkes; den ungerechten Feinden sagt er den Untergang an und erwartet das Heil für alle, die sich nach Gottes Willen gerecht verhalten.

ZEPANJA

gehört wie Nahum und Habakuk als Bote Gottes (Prophet) in die Nähe Jeremias (um 620 vor Christus). Er wendet sich gegen Götzendienst und Ungerechtigkeit. Nur die Umkehr vom bösen Tun kann vielleicht noch das Gericht Gottes abwenden. Auch diesem Büchlein wurden später Heilssprüche angefügt.

HAGGAI

war der erste Bote Gottes (Prophet) in der Zeit nach der babylonischen Gefangenschaft. Er setzt sich für den Wiederaufbau des Tempels in Jerusalem ein (520 v.Chr.).

SACHARJA

Ist ein Bote Gottes (Prophet). Er setzt in den Jahren 520 bis 518 v.Chr. die Predigt Haggais fort. Auch er tritt für den Wiederaufbau des Tempels in Jerusalem ein. Er sieht die Heilszeit Gottes sehr deutlich vor Augen und redet von ihr. Damit hilft er den mutlosen Menschen, nicht zu verzagen.

MALEACHI

ist nicht nur der letzte, sondern auch der jüngste Prophet (Bote Gottes) im Alten Testament. Er setzt sich damit auseinander, dass die Erwartungen Haggais und Sacharjas nicht erfüllt worden sind. Maleachi bleibt aber davon überzeugt, dass Gott trotz der Verzögerung der angesagten Heilszeit Herr der Geschichte und Herr der ganzen Welt ist.

Bücher des Neuen Testaments

Das Evangelium nach MATTHÄUS

erzählt von Jesus: von seiner Geburt und der Flucht nach Ägypten, von seiner Rückkehr und seinen Taten bis hin zu seinem Tod und seiner Auferstehung. Es enthält aber auch viele Reden Jesu. Matthäus wendet sich an Juden, die Christen geworden waren. Darum greift er häufig auf das Alte Testament zurück und zeigt, dass Jesus der versprochene Messias ist.

Das Evangelium nach MARKUS

erzählt von Jesus, vor allem von seinen Taten. Es will zeigen, dass Gottes Herrschaft greifbar nahe ist. Dass Jesus der versprochene Retter ist, zeigt sich vor allem an seinem Leiden, das mit seinem Tod am Kreuz endet. Gott aber hat Jesus vom Tod auferweckt! Dies ist das deutliche Zeichen, dass Gottes Herrschaft schon begonnen hat.

Das Evangelium nach LUKAS

erzählt von Jesus: wie er geboren wurde, von Johannes getauft wurde und welche Taten er vollbrachte. Es erzählt auch die Leidensgeschichte Jesu und seinen Tod am Kreuz und dass Gott Jesus vom Tod auferweckt hat. Das Lukasevangelium will vor allem zeigen, wie Jesus sich den Armen zuwandte und wie er den Sündern Gottes Vergebung anbot.

Das Evangelium nach JOHANNES

erzählt von Jesus. Dies macht es allerdings ganz anders, als es das Matthäus-, Markus- und Lukasevangelium tun. Es zeigt noch viel deutlicher, dass Jesus Gottes Sohn ist. In Jesus ist Gott selber als Mensch auf die Erde gekommen, und wer Jesus sieht, der sieht Gott.

Die APOSTELGESCHICHTE

ist von demselben Verfasser geschrieben wie das Lukasevangelium. Sie setzt die Geschichte fort und erzählt, wie die Botschaft von Jesus und der Glaube an ihn sich ausgebreitet haben. Dies geschah vor allem durch die Reisen des Apostels Paulus. Durch ihn wurde die Botschaft von Jesus über Israel hinaus auch zu den anderen Völkern gebracht.

Der RÖMERBRIEF

wurde an die christliche Gemeinde in Rom geschrieben. Der Verfasser ist Paulus, von dessen Reisen wir in der Apostelgeschichte lesen können. Paulus schreibt: Gott nimmt alle Menschen, Juden wie Heiden, nicht deshalb an, weil sie so viele gute Taten tun, sondern weil er ihnen allen ihre Sünden vergibt. Allein durch den Glauben und nicht durch gute Taten wird ein Mensch vor Gott „gerecht" genannt.

Im ERSTEN BRIEF AN DIE KORINTHER

beantwortet Paulus Fragen aus der Gemeinde in der Hafenstadt Korinth. Diese Fragen betrafen das richtige Leben als Christ und Fragen nach dem Gottesdienst. Vor allem aber schreibt Paulus hierin etwas über den Streit, den die Christen in Korinth untereinander hatten, weil einige meinten, sie hätten Gott und das von ihm geschenkte Heil allein für sich gepachtet.

Der ZWEITE BRIEF AN DIE KORINTHER

ist auch von Paulus geschrieben. Darin wehrt Paulus sich gegen böse Behauptungen, die ihn als Menschen und als Boten Gottes schlecht machen sollten: Paulus sagt: Alles, was ich tue und sage, habe ich mir nicht selber ausgedacht, sondern Gott hat mich dazu beauftragt. Ich bin kein Angeber, sondern nur Gott gehorsam.

Der GALATERBRIEF

ist von Paulus an die christlichen Gemeinden in Galatien (heute im Zentrum der Türkei) geschrieben worden. Wie schon in den Korintherbriefen wendet sich Paulus gegen Menschen, die von sich behaupten, sie allein hätten die Wahrheit über Gott gepachtet und die anderen Menschen vorschreiben wollten, was sie zu tun haben. Ob ein Mensch von Gott angenommen wird oder nicht, liegt nicht daran, ob er alle Gesetze erfüllt, sondern ob er glaubt.

Der EPHESERBRIEF

ist wohl von einem Schüler des Paulus an die Gemeinde von Ephesus (heute im Westen der Türkei) geschrieben worden. Eigentlich ist es kein richtiger „Brief", sondern ein Aufsatz! Darin wird die Einheit betont: Die Kirche besteht aus Menschen, die an Jesus Christus glauben – egal, ob sie aus dem Judentum oder aus dem Heidentum kommen.

Der PHILIPPERBRIEF

wurde von Paulus während einer Gefangenschaft in Ephesus, Caesarea oder in Rom geschrieben. Paulus schreibt über seine Lage und dass er sein Leiden tragen will, sofern es dazu dient, die Botschaft von Jesus zu fördern. Manchmal wünscht er sich aber auch, schon tot zu sein. Paulus bedankt sich auch für eine Spende, die er aus Philippi erhalten hat. Er freut sich über die Hilfsbereitschaft und den Glauben der Menschen in Philippi und fordert sie auf: „Freut euch, dass ihr zu Christus gehört" (4, 4).

Im KOLOSSERBRIEF

warnt ein Schreiber die Gemeinde vor einer falschen Lehre. Manche Menschen glauben nämlich, dass die Welt durch Engelsmächte regiert wird. Dazu schreibt Paulus: Jesus Christus ist der einzige Herr. Er hat alle bösen Mächte besiegt, also können auch keine anderen Mächte die Welt regieren.

Der ERSTE BRIEF an die THESSALONICHER

ist von Paulus an die Gemeinde in Thessalonich (heute Thessaloniki) geschrieben. Dort lebten viele Menschen, die zum Glauben an Jesus gefunden hatten. Einige Männer wiegelten die Gemeinde aber gegen Paulus auf, sodass dieser fliehen musste. Paulus schickte Timotheus nach Thessalonich, um zu erfahren, wie es dort weitergehe. Timotheus berichtete, dass die Thessalonicher fest im Glauben blieben. Darüber freute sich Paulus und nennt die Christen in Thessalonich „Vorbilder für alle Christen".

Der ZWEITE BRIEF an die THESSALONICHER

knüpft an den ersten Brief an. Inzwischen hatten einige Christen dort aber aufgehört zu arbeiten; sie vernachlässigten die Aufgaben des täglichen Lebens, weil sie damit rechneten, dass sehr bald das Ende der Welt kommen und die neue Welt Gottes beginnen würde. Der Schreiber schreibt dagegen: Es ist nicht gut, auf Kosten anderer zu leben und die Hände in den Schoß zu legen. Wer auf Gottes Welt wartet, hört nicht auf zu arbeiten.

Der ERSTE BRIEF an TIMOTHEUS

ist wohl erst einige Zeit nach Paulus entstanden. Man wird vor falschen Lehrern gewarnt, die verführen wollen, indem sie fordern, dass man nicht mehr heiraten soll und sagen, dass man bestimmte Speisevorschriften einhalten müsse. Dagegen schreibt der Verfasser: Allein der Glaube an Jesus ist wichtig. Da nützt es nichts, wenn man unverheiratet bleibt oder bestimmte Speisevorschriften beachtet. Jeder lebe ohne Zank und Streit, Neid und Hass und Geldgier.

Der ZWEITE BRIEF an TIMOTHEUS

ist wahrscheinlich nicht von Paulus geschrieben worden, sondern erst später entstanden. Der Verfasser sitzt im Gefängnis und rechnet damit, bald verurteilt und hingerichtet zu werden. So ähnlich kann es auch den anderen Christen ergehen, dass sie nämlich abgelehnt und verfolgt werden. Aber auch dann sollen Christen am Glauben festhalten, denn Jesus ist der Herr über alle Mächtigen und auch über den Tod.

Der BRIEF an TITUS

gehört eng mit den beiden Briefen an Timotheus zusammen. Auch er legt Wert darauf, dass die Leser sich nicht von falschen Lehrern verführen lassen. Jeder Christ soll sich daran halten, was er von Jesus weiß; dann wird man ihm nichts Böses vorwerfen können. Durch ihre Lebensweise werden sogar Gegner zu Freunden.

Der BRIEF an PHILEMON

ist der einzige Privatbrief des Paulus, den wir kennen. Darin wendet Paulus sich an Philemon, den Herrn eines entlaufenen Sklaven mit dem Namen Onesimus, und bittet ihn, Onesimus wieder aufzunehmen – nicht als Sklaven, sondern wie seinen Bruder! Denn Christenmenschen können nicht wie Herren und Sklaven zueinander stehen, als Kinder Gottes sind sie Geschwister.

Der HEBRÄERBRIEF

stammt von einem uns unbekannten Verfasser. Er ist eigentlich mehr ein Aufsatz als ein Brief. Darin wird Jesus der „höchste Priester" genannt, der nicht wie andere Priester Tiere geopfert hat, sondern der sich selbst für die Sünden der Menschen als Opfer hingegeben hat, als er am Kreuz starb. Dieses Opfer gilt für alle Zeiten.

Der JAKOBUSBRIEF

befasst sich mit der Frage, wie ein Christ leben soll. Wer an Jesus Christus glaubt, wird entsprechende gute Taten tun. Es mag Christen gegeben haben, die sagten: Jesus ist mein Herr!, die aber die Armen verächtlich behandelten, böse redeten und Zank und Streit anrichteten. Diese Menschen werden gefragt: „Welchen Wert hat es, wenn jemand behauptet, an Christus zu glauben, aber seine Taten lassen das nicht erkennen?" (2, 14).

Der ERSTE PETRUSBRIEF

ist ein Rundschreiben an mehrere Gemeinden in Kleinasien. Er mahnt die Christen, auch dann ehrbar zu leben, wenn man sie anfeindet und verhöhnt. Alle Christenmenschen werden mit Steinen verglichen, die in ein Haus eingebaut sind; sie sind lebendige Steine am „Haus Gottes"; der Eckstein, der alles trägt, ist Jesus Christus. In diesem Brief sind viele Anweisungen aufgeschrieben, wie Christen leben sollten: gastfreundlich, fleißig, ehrlich, freundlich und hilfsbereit gegenüber jedermann.

Der ZWEITE PETRUSBRIEF

wendet sich an Gemeinden in Kleinasien. Dort waren falsche Lehrer und Prediger aufgetreten. Sie missbrauchten die christliche Freiheit, um nur zu tun, wozu sie gerade Lust hatten. Sie machten Jesus lächerlich und bezeichneten Gott als Lügner. Solchen Menschen sollten die Leser nicht folgen, denn Gott hält, was er versprochen hat; am Ende werden die falschen Prediger die Dummen sein.

Der ERSTE JOHANNESBRIEF

warnt vor falschen Predigern, die die Christen vom Glauben weglocken wollen. Christenmenschen erkennt man daran, dass sie sich zu Jesus Christus bekennen und die Liebe, die sie von Gott bekommen, an andere weitergeben.

Der ZWEITE JOHANNESBRIEF

warnt vor falschen Predigern, die die Christen vom Glauben weglocken wollen. Ihnen sollen die Leser auf keinen Fall folgen!

Der DRITTE JOHANNESBRIEF

ist eine persönliche Bemerkung des Verfassers an seinen Freund Gajus. Er solle durchreisenden Predigern weiterhin Gastfreundschaft anbieten und sie unterstützen. Zugleich mahnt er vor Überheblichkeit gegenüber anderen Gemeindemitgliedern. In der Verbreitung der Botschaft von Jesus Christus müssen Christen einander behilflich sein.

Der JUDASBRIEF

mahnt die Leser vor falschen Predigern, die ihre Freiheit falsch verstehen und ein liederliches Leben führen. Ihnen soll man nicht folgen, sondern das Vertrauen gehört allein Gott.

Die OFFENBARUNG des JOHANNES

öffnet den Blick auf die Zukunft. Sie ist wie in einer Geheimsprache geschrieben. Dies war nötig, weil die Christen verfolgt und oftmals auch getötet wurden. Die Offenbarung zeigt, dass trotz aller Verfolgung und alles Leidens Gott am Ende der Sieger bleiben wird – und mit ihm alle Menschen, die sich nicht vom Glauben abbringen lassen haben. Gott wird einen neuen Himmel und eine neue Erde schaffen, wo es kein Leid, keinen Schmerz und auch den Tod nicht mehr geben wird.

Bibelfußball

Spielregeln:

Bildet zwei Gruppen mit mehreren Mitspielern und setzt euch gegenüber.

Der ausgeschnittene Fußball kommt als Spielstein in die Mitte.

Das Ende des Spiels wird vor Beginn des Spiels festgelegt (z.B. 15 Minuten).

Mischt die Fragekarten und teilt sie in zwei gleich große Stapel.

Jede Gruppe erhält einen Stapel. Einigt euch, wer die erste Frage vorlesen darf.

Die Fragen werden vorgelesen. Wenn die andere Gruppe die Frage nicht beantworten kann, rückt der Fußball in Richtung ihres Tores.

Dann darf die andere Gruppe die Frage vorlesen.

Bei wem der Spielstein im Tor gelandet ist, der hat natürlich ein Tor kassiert.

Spielstein für das Bibelfußballspiel

Spielkarten

Der erste Satz der Bibel lautet: Am Anfang ... ... schuf Gott Himmel und Erde 1. Mose 1	In wie vielen Tagen soll Gott die Welt erschaffen haben? Sechs, am siebten ruhte er 1. Mose 1–2	Das Paradies heißt in der Bibel ... Garten Eden 1. Mose 2	Welche Früchte waren im Paradies verboten? Vom Baum inmitten des Gartens, der Wissen über Gut und Böse verleiht 1. Mose 3
Welches Tier soll Eva verführt haben? Eine Schlange 1. Mose 3	Die beiden Söhne von Adam und Eva hießen ... Kain und Abel 1. Mose 4	Eine große Über-schwemmung in der Bibel nannte man ... Sintflut 1. Mose 7	Das große Schiff, das Noah baute, hieß ... Arche 1. Mose 6
Das Zeichen, das Gott Noah nach der Sintflut gab, war der ... Regenbogen 1. Mose 9, 12f.	Abraham kam ursprüng-lich aus der Stadt ... Ur 1. Mose 12	Abrahams Frau hieß ... Sara 1. Mose 17	Abrahams Sohn hieß ... Isaak 1. Mose 17
Die Söhne Noahs hießen ... Sem, Ham und Jafet 1. Mose 6	Wofür verkaufte Esau sein Erstgeburtsrecht an seinen Bruder Jakob? für ein Linsengericht 1. Mose 25	Jakob träumte von einer ... Himmelsleiter 1. Mose 28	Die Brüder des Josef warfen ihn in einen ... Brunnen 1. Mose 37

Josef wurde in Ägypten von wem gekauft? Potifar 1. Mose 37	Jakob musste für seine beiden Frauen Lea und Rahel lange arbeiten, nämlich ... insgesamt 14 Jahre 1. Mose 29	Josefs jüngster Bruder hieß ... Benjamin 1. Mose 35	Josef holte am Ende seine Brüder und seinen Vater nach ... Ägypten 1. Mose 46
Mose wurde versteckt in einem ... Schilfkörbchen 2. Mose 2	Als er einen Aufseher erschlug, floh Moses nach ... Midian 2. Mose 3	Wie viele Plagen kamen über Ägypten? Zehn 1. Mose 7–12	Gott rettete das Volk am Meer vor den Ägyptern, indem er ... das Meer teilte 2. Mose 14
Moses Schwester hieß ... Mirjam 2. Mose 15	Wo bekam Moses die Tafeln mit den Zehn Geboten? Berg Sinai 2. Mose 19	Auf dem Berg Sinai bekam Mose Steinplatten. Auf denen standen die ... Zehn Gebote 2. Mose 20	Was taten die Israeliten, als Moses auf dem Berg Sinai war? Sie machten sich ein goldenes Stierbild/Kalb 2. Mose 32
Moses Bruder hieß ... Aaron 2. Mose 5	Mit welcher Nahrung versorgte Gott die Israeliten in der Wüste? Wachteln und Manna 2. Mose 16	An die Rettung der Israeliten aus Ägypten erinnert bei den Juden ein Fest: Das Passahfest 2. Mose 12	Moses Nachfolger hieß ... Josua 5. Mose 34
David spielte ein Instrument, nämlich die ... Harfe 1. Sam 16	Der Riese, gegen den David kämpfte, hieß ... Goliath 1. Sam 17	David dichtete Lieder. Man nennt sie ... Psalmen	Davids Sohn ließ den großen Tempel von Jerusalem bauen. Er hieß ... Salomon 1. Kön 6
Männer, die sogar gegen Könige für die Gerechtigkeit eintraten, nannte man ... Propheten z.B. Amos 7	Ein Prophet, der vor seiner Aufgabe floh und vom Fisch verschluckt wurde, hieß ... Jona Jona 2	Gefangen in einer Löwengrube saß ... Daniel Daniel 6	Eine kluge Frau, die das Volk Israel gerettet hat und nach der ein Buch benannt ist, heißt ... Esther Ester 8
Dieser Engel teilte mit, dass Maria ein Kind empfangen wird. Sein Name ist ... Gabriel Lk 1	Der Vater Jesu war von Beruf ... Zimmermann Mt 11	Aus dem Morgenland kamen nach der Geburt Jesu ... Drei Weise/Magier Mt 2	Jesus wurde geboren in ... Bethlehem Mt 2/Lk 2

In diesem Dorf wuchs Jesus auf. Nazareth Mt 2	Jesus wurde getauft im Fluss ... Jordan Mt 3	Jesus wurde getauft von ... Johannes dem Täufer Mt 3	Johannes der Täufer ernährte sich von ... Heuschrecken und wildem Honig Mt 3
Wie viele Jünger hatte Jesus? Zwölf Mt 10	Wasser in Wein verwandelte Jesus bei der ... Hochzeit zu Kana Joh 2	Wer kletterte auf einen Baum, um Jesus zu sehen? Zachäus Lk 19	Was tat Jesus im Boot, als auf dem See Genezareth der Strum anfing? Er schlief Mt 8
Die Schwestern des Lazarus hießen ... Maria und Martha Joh 11	Jesus hat einen Blinden geheilt, der hieß Barthimäus Mk 10	Wie lange soll der Kranke am Teich Bethesda gelegen haben? 38 Jahre Joh 5	Einer, der in einem Gleichnis den anderen nicht verletzt liegen ließ: barmherziger Samariter Lk 10
Als die Jünger Kinder von Jesus wegschicken wollten, sagte er: „Lasst die Kinder zu mir kommen" Mt 19	Ergänze: Ihr seid das „Salz ... ... der Erde" Mt 5	Das wichtigste Gebet, das Jesus gelehrt hat, ist das ... Vaterunser Mt 6	Worauf ritt Jesus am Palmsonntag in Jerusalem ein? Esel Mt 21
Der römische Statthalter, der Jesus verhörte, hieß ... Pontius Pilatus Mt 27	Wer verriet Jesus? Judas Joh 18	Wo wurde Jesus gefangen genommen? Garten Getsemane Mt 26	Wer verleugnete Jesus nach seiner Gefangennahme? Petrus Mt 26
Das Fest, das an die Auferstehung Jesu erinnert, heißt ... Ostern Lk 24	Nach Ostern begegneten zwei Jünger Jesus in ... Emmaus Lk 24	Das Fest, das daran erinnert, dass die Nachfolger Jesu von Gottes Geist erfasst wurden, heißt ... Pfingsten Apg 2	Ein äthopischer Minister begegnete in der Wüste einem Apostel, der hieß ... Philippus Apg 8
Der wichtige Apostel, der viele Reisen unternommen hatte, hieß ... Paulus	Die wichtigsten drei Dinge für Paulus waren ... Glaube, Liebe, Hoffnung 1. Kor 12	Paulus schrieb an die Korinther einen Brief. Korinth liegt heute in ... Griechenland	Das letzte Buch der Bibel heißt ... Offenbarung

Bibelfußball

Entdeckung: Bibel lesen – erzählen – auslegen

Um die Bibel zu verstehen, muss man sie sich erst einmal erschließen, d.h. „in sie hinein-kommen". Erste Orientierungshilfe können Beobachtungsregeln oder Hilfsmittel bieten, aber auch die Aufgabe, einen Text nachzuerzählen oder zu kommentieren.

Bausteine:

In die Bibel hineinkommen

Thema	Kurzbemerkungen	Schwierigkeit	Seite
In die Bibel hineinkommen	Die meisten Lernenden haben die Erfahrung gemacht, dass ein Zugang zum Bibellesen nicht ganz einfach ist. Dies soll verbalisiert werden können.	▭▭	54
Bibelschritte	Die drei Leitsätze sollen eine grobe Hilfe bieten, sich für die Lektüre eines biblischen Textes bereit zu machen.	▭▭	55
Beobachtungs-fragen	Die Beobachtungsregeln bieten eine grobe Orientierungshilfe zum Lesen und Verstehen des Textes.	▭▭	56
Hilfsmittel erlaubt	In die wichtigsten Hilfsmittel zum Verstehen der Bibel wird kurz eingeführt.	▭▭	57
Spurensuche mit der Konkordanz	Anhand der Übertragung eines Textschnipsels des ältesten Fundstücks des Neuen Testaments, des Papyrus (P) 52, lernt man den Umgang mit der Konkordanz. Der Text stammt aus Joh 18.	▭▭	58

Bibel lesen und erzählen

Bibel lesen – Losungen für jeden Tag	Es wird in die tägliche Lektüre ausgewählter Bibelsprüche der Herrnhuter Brüdergemeine eingeführt. In einer Woche sollen die Lernenden das Erleben eines Tages mit einem Bibelspruch ausprobieren.	▭▭▭	59
Bibel lesen ...	Anhand der Schöpfungsgeschichten, der Weihnachtsgeschichten und von synoptischen Evangelientexten soll das genaue Lesen und Elementarisieren von Texten geübt werden. Hinzu kommen Bibel-Lesepläne zum Lukasevangelium, zur Bergpredigt, den Seligpreisungen, Josef, Mose, Amos, Jona, Psalmen, Kohelet.	▭▭	60-66
Wie erzähle ich eine biblische Geschichte?	Anhand von einfachen Erzählregeln, dem „POZEK"-Schlüssel, wird in Kriterien für ein spannendes Erzählen der Bibel eingeführt.	▭▭	67f.

Bibel auslegen

Unterschiedliche Blickwinkel auf die Bibel	Unterschiedliche Auslegungsperspektiven werden vorgestellt. Gruppenteilig können diese erarbeitet, miteinander verglichen und weitere Informationen bzw. Auslegungsbeispiele beschafft werden. Hinweis: Es macht Sinn, hier weitergehend Beispiele für die Ansätze vorzustellen. Der Baustein „Bibel in gerechter Sprache" (S. 146) und der darauf folgende Baustein zur Bibelkritik bieten die Möglichkeit hierzu.	▭▭▭	69
Bibelkritik – Biblische Texte untersuchen	Es gibt verschiedene Möglichkeiten, den biblischen Text zu untersuchen. Lernende sollen die wichtigsten Untersuchungsmethoden kennen lernen und auch Grenzen dieser Methoden erörtern.	▭▭▭	70
Auslegen der Bibel – damals	Bibel auslegen hat eine lange Tradition. Dies soll anhand des dreifachen Schriftsinns und der Auslegungskriterien des Augustinus erarbeitet werden. In die typologische Auslegung von Jes 11 wird mithilfe eines Holzschnitts und dem Lied „Es ist ein Ros entsprungen" (EG 30) eingeführt.	▭▭▭	71f.
Bibelkommentar schreiben	Die Auseinandersetzung mit einem biblischen Text erfolgt durch einen stummen Kommentar. Das Blatt wird auf DIN A3 kopiert, und eine Kleingruppe schreibt Kommentare um den Text herum.	▭	73

In die Bibel hineinkommen

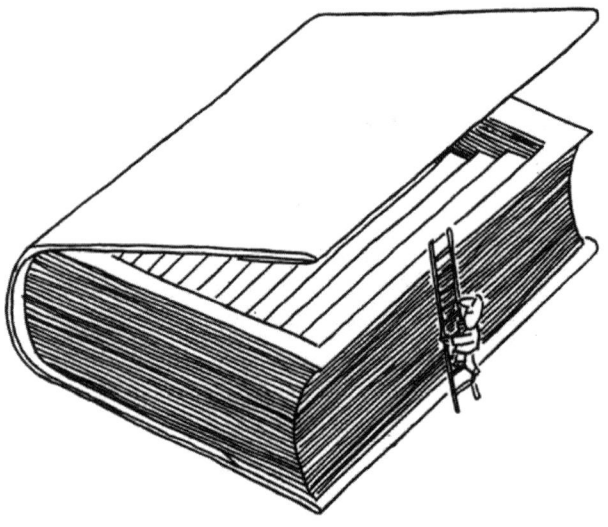

☞ Schreib den Satz zu Ende: In die Bibel hineinkommen ist ...

Ein Weisheitsspruch aus jüdischer Tradition antwortet auf die Frage, wie man in die Bibel (hier die Tora) hineinkommt, mit einem Bildwort:

> **Die meisten Bäume werden auf einmal abgeerntet.**
> **Feigen aber von Zeit zu Zeit.**
> **So ist es mit der Tora:**
> **Man lernt heute etwas und morgen etwas,**
> **aber man kann sie nicht**
> **in ein oder zwei Jahren lernen.**

☞ Welchen Rat gibt der Autor des Weisheitsspruches?

Der Schriftsteller Mark Twain, der bekannt geworden ist durch die Romane über Tom Sawyer und Huckleberry Finn, hat ein anderes Problem:

> Die meisten Menschen haben Schwierigkeiten mit den Bibelstellen, die sie nicht verstehen.
> Ich für meinen Teil muss zugeben, dass mich gerade diejenigen Bibelstellen beunruhigen, die ich verstehe.
>
> Mark Twain

☞ Was meint Mark Twain wohl damit?

Bibelschritte

Auf Bibeltexte zuzugehen ist oft nicht einfach. Das liegt mit daran, dass sie vor über 2000 Jahren verfasst wurden. Die Menschen, für die diese Texte geschrieben wurden, sind uns unbekannt, ihre Welt ist uns fremd.
Auch fordern die Texte zum Nachdenken auf. Bibeltexte können Orientierung für das eigene Leben geben, wenn man versteht, was sie meinen.
Die folgenden Schritte sind Tipps, um das Bibellesen zu erleichtern:

Lesen

Zum Lesen brauche ich Ruhe und Zeit.
Ich muss den Kopf frei haben, sonst bleibe ich immer wieder hängen.
Ich kann den Text ruhig zwei Mal lesen oder Lesepausen machen.
Am besten lese ich den Text so,
dass ich ihn hinterher auch anderen erzählen kann.
Dafür sollte ich mir eine Überschrift und Stichpunkte überlegen.

Nachdenken

Wie bei einem Radio muss ich meine Antenne auf Empfang einstellen.
Erst wenn der Bibeltext bei mir angekommen ist,
kann ich mir Grundfragen stellen:
Was sagt der Text über Gott und die Welt?
Was ist mir fremd – was vertraut?
Was ärgert mich – wo fühle ich mich aufgehoben?
Wo stellt er mich vor Entscheidungen?

Orientieren

Die Bibel ist auf die Zukunft ausgerichtet –
auf meine persönliche Zukunft und die Zukunft der Welt.
Wie drückt sich Hoffnung in der Bibel aus?
Welche Rolle hat diese Hoffnung für meine Zukunft?
Bekomme ich hier auch Impulse für mein Handeln?

☞ Seht euch gemeinsam die „Bibelschritte" an. Was leuchtet euch ein – wo seht ihr Schwierigkeiten?

☞ Nehmt euch Zeit, die Bibelschritte an einem Bibeltext auszuprobieren. Es darf zum Einstieg ruhig ein bekannter Bibeltext (z.B. der barmherzige Samariter: Lk 10, 25–37) sein.

Beobachtungsfragen

Folgende Beobachtungsfragen können helfen,
einen Bibeltext besser zu erschließen.

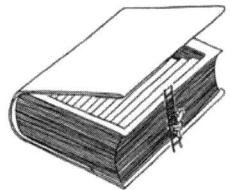

Persönliches

- Ist er für mich heute einfach oder schwierig zu verstehen?
- Wie wirkt er auf mich? – Spannend, langweilig ... ?
- Was sagt mir der Text?
- Was löst er bei mir aus?
- Welche Fragen habe ich an den Text?

Wer berichtet?

- Wer teilt hier etwas mit?
- Wird ein Verfasser erkennbar?
- Was erfahre ich außerhalb des Textes (Bibellexikon, Internet ...)?

Was wird berichtet?

- Worum geht es im Text?
- Berichtet der Text von einem Ereignis, einem Gespräch, einer Regel ... ?

Wie lässt sich der Text auf den Punkt bringen?

- Gibt es eine Grundfrage, die der Text beantwortet?
- Wie kann man den Text kurz zusammenfassen?
- Um wen oder was geht es im Text?
  Um Menschen, um Gott? Um ein Ereignis?

Wie wird berichtet?

- Wird spannend, sachlich, bildhaft, persönlich oder distanziert ... geschrieben?
- Wird erklärt, nacherzählt oder belehrt ...?

Warum wird berichtet?

- Welchen Anlass gibt es, dass die hinter dem Text stehende Geschichte, Regel ... weitergegeben und aufgeschrieben wurde?
- Wird ein besonderer Grund sichtbar?

Wozu leitet der Text mich an?

- Zu welchem Verhalten will der Text führen?
- Ist eine „Moral von der Geschicht'" erkennbar?

Hilfsmittel zur Bibel erlaubt

Es gibt verschiedene Wege, sich mit der Bibel auseinander zu setzen: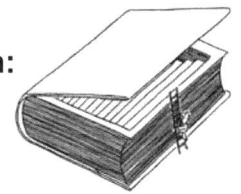

1. Jeden Tag einen „Bibelhappen"

Dazu gibt es zum Beispiel ...

📖 **Losungen:**
Für jeden Tag werden verschiedene kurze Texte und Gebete vorgeschlagen.

📖 **Bibelleseplan:**
Für jeden Tag wird ein Bibelabschnitt vorgeschlagen.
Dieser schließt an einen vorigen an.
So werden ganze Abschnitte in einem Zusammenhang gelesen.

☞ Sucht im Internet nach den Losungen und Bibelleseplänen.

2. Hilfsmittel zum Arbeiten mit der Bibel

Wenn man über etwas aus der Bibel mehr wissen möchte oder etwas nicht versteht, gibt es Hilfen:

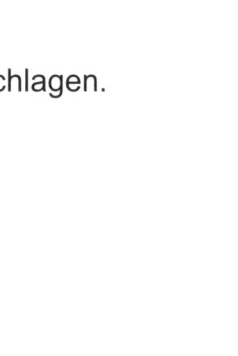

📖 **Erklärungsbibel**
Eine Bibel mit einem Kommentar am Rand, der eine erste Verstehenshilfe bietet.

📖 **Wortkonkordanz:**
In ihr findet man Begriffe, die in der Bibel vorkommen.

📖 **Bibellexikon**:
Hier wird vieles rund um die Bibel erklärt. Ein kleines Bibellexikon ist in vielen Bibeln im Anhang zu finden.

📖 **Bibelkommentar:**
In ihm werden Abschnitte und Verse ausführlich erklärt und gedeutet.

📖 **Bibelatlas:**
In ihm werden Landschaftskarten aus biblischer Zeit gezeigt.

Spurensuche mit der Konkordanz

Archäologen haben das Problem, dass sie oft nur Papyrus-Schnipsel finden.
Sie fragen sich: Ist der Schnipsel vielleicht ein Teil der Bibel?
Sie haben dabei ein Problem. Alte Bibelhandschriften schrieb man nämlich ...

...INGROSSBUCHSTABENOHNEABSTÄNDEZWIS CHENDENWÖRTERNUNDOHNESATZZEICHEN

Das älteste Schriftstück aus dem Neuen Testament, das uns erhalten ist, ist ein
Textschnipsel, der so aussieht. Hier liegt eine Umschrift in lateinischen Buchstaben
und eine Übersetzung vor.

```
IDSIEGINGENNICHTHI
NICHTUNREINWÜRDE
ASSAMAHLESSENKÖ          ENDAKAN
QTUSZUIHNENHERA         INDFRAGT
    VÜREINEKLAGEBRINGTIHRGEG
    JENMENSCHENVORSIEANTWO
    VUNDSPRACHENZUIHMWÄRF
    NICHTEINÜBELTÄTERWIRF
    NDIRNICHTÜBERANMTWOI
    ACHPILATUSZUIHNEN    VI
      NDRICHTETIHNI
      ASPRACHENDIF
        NIEMANDT
        ESUERF
```

🕮 Sucht im Textschnipsel nach seltenen Begriffen. Entscheidet euch für einen.
🕮 Nehmt eine Konkordanz zur Hand und sucht den Begriff*.
   Dort findest du meist mehrere Bibelstellen.
   Wenn du die Abkürzung nicht kennst, schau in deiner Bibel im Abkürzungs-
   verzeichnis nach, welches Buch gemeint ist.
🕮 Wenn die umliegenden Worte mit dem Hinweis übereinstimmen,
   dann schlag in der Bibel nach.
🕮 Vervollständige den Text auf dem Arbeitsblatt.

* Im Internet unter **www.dbg.de** findet man Online-Bibeln (Luther und Gute Nachricht), bei denen man ebenfalls Begriffe und Bibelstellen suchen kann.

Bibel lesen: Täglich eine Losung

Ein täglicher Begleiter für viele Menschen sind die Losungen.
Sie wurden 1731 von der Herrnhuter Brüdergemeine ins Leben
gerufen.

Ziel der Herrnhuter war es,
den Menschen ein biblisches Wort für den Tag
mit auf den Weg zu geben, wie ein biblischer Morgengruß.
Das Wort sollte den Tag über begleiten,
zum Nachdenken bringen und stärken.

Inzwischen sind die Losungen weltweit verbreitet.
Es gibt sie in vielen Sprachen.

Heute sehen sie so aus:

- Es gibt jeden Tag einen Spruch aus dem
  Alten und einen aus dem Neuen Testament.

- An Sonntagen und besonderen Tagen gibt es
  Liedvorschläge aus dem Gesangbuch.

- Man kann den vorgeschlagenen Predigttext
  für einen Sonn- und Feiertag sehen und sich
  so auf die Predigt vorbereiten.

April   **64**

GRÜNDONNERSTAG

Er hat ein Gedächtnis gestiftet seiner Wunder, der gnädige und barmherzige Herr. *Psalm 111,4*
Lied: 223 :: Psalm: 111,1–2.4–6.9
Johannes 13,1–15(34–35) :: 1. Korinther 11,23–26
Johannes 19,1–16a
Predigt: 1. Korinther 10,16–17

13. Donnerstag Aber wer glaubt dem, was uns verkündet wurde, und wem ist der Arm des Herrn offenbart? *Jesaja 53,1*
Jesus sprach: Das ist Gottes Werk, dass ihr an den glaubt, den er gesandt hat. *Johannes 6,29*
Ach Herr, vor dir ist keiner reich und keiner los und ledig; spricht einer hier dem andern gleich: Gott sei mir Sünder gnädig! Du aber ludest uns zu dir, den Hunger uns zu stillen, willst uns aus lauter Liebe hier die leeren Hände füllen. 224,2   Arno Pötzsch

---

KARFREITAG

Also hat Gott die Welt geliebt, dass er seinen eingeborenen Sohn gab, damit alle, die an ihn glauben, nicht verloren werden, sondern das ewige Leben haben. *Johannes 3,16*
Lied: 83 oder 92 :: Psalm: 22,2–5.12.20
Johannes 19,16–30 :: 2. Korinther 5,(14b–18)19–21
Johannes 19,16b–30
Predigt: Hebräer 9,15.26b–28

Projekt: Eine Woche mit den Losungen

☞ Sucht nach den Losungen für diese Woche.
Wenn ihr kein aktuelles Losungsbuch habt,
könnt ihr sie im Internet unter
www.losungen.de finden.

- Lest jeden Morgen die Bibelstellen und denkt am Tag mehrmals darüber nach.

- Setzt euch dafür Zeiten: z.B. vor oder nach dem Frühstück, Mittag- oder
  Abendessen.

- Am Abend macht euch Notizen, was euch zu der Bibelstelle alles eingefallen
  ist. Wo hat sie euch vielleicht zum Nachdenken gebracht?

- Wertet nach einer Woche die Erlebnisse und Erfahrungen miteinander aus.

Bibel lesen: Schöpfungsgeschichten

In der Bibel werden zwei Geschichten vom Anfang der Welt überliefert.

☞ Lies zuerst die Geschichte, die im 1. Mose 2 (ab Vers 4b) steht. Sie gilt als die ältere der beiden Geschichten.

☞ Finde eine Überschrift und unterteile die Geschichte in mindestens drei Erzählschritte

```
┌──────────────────────────────────────────┐
│                                            │
│                                            │
│                                            │
└──────────────────────────────────────────┘
```

1.

 2.

3.

☞ Lies nun den ersten Schöpfungsbericht in Gen 1, 1–2, 4a. Dieser soll wesentlich jünger als der andere Bericht sein.
Fasse in einem Satz zusammen, worum es hier geht.

```
┌──────────────────────────────────────────────────┐
│                                                    │
│                                                    │
│                                                    │
│                                                    │
└──────────────────────────────────────────────────┘
```

☞ Worin unterscheiden sich beide Berichte?

☞ Kann man vielleicht an den Unterschieden erkennen, warum manche davon ausgehen, dass der eine Bericht älter als der andere ist?

Bibel lesen: Weihnachtsgeschichten

Manche Geschichten sind so bekannt, dass man sie fast im Schlaf zu kennen glaubt.
So geht es einem mit der Geburtsgeschichte.
Die Weihnachtsgeschichte wird zwei Mal überliefert:
Sie findet sich in **Mt 1, 18–2, 17** und in **Lk 2, 1–21**.

Der rund 500 Jahre alte Holzschnitt ist das Eröffnungsbild zum Lukasevangelium.
Lukas (links) wird mit seinem Symbol, dem Stier, dargestellt.
Rechts sind einige Szenen, die auf das Evangelium hinweisen sollen, abgebildet.
Man erkennt

> 📖 die Geburt Jesu im Stall
> 📖 die Beschneidung Jesu im Tempel
> 📖 die drei Könige bringen dem Kind Geschenke.

☞ Lest die Weihnachtsgeschichte nach Lukas genau durch und sucht auf dem Bild nach Fehlern.

☞ Überlegt, wie man eine **Weihnachtsszene gestalten** müsste, die
> 📖 sich allein auf das Lukasevangelium bezieht
> 📖 sich allein auf das Matthäusevangelium bezieht
> 📖 beide Evangelien berücksichtigt.

☞ Überprüft, ob sich in der euch bekannten Krippendarstellung etwas findet, das nicht in der Bibel zu finden ist.

Bibel lesen: Synoptische Evangelien

Matthäus, Markus und Lukas nennt man die „**synoptischen Evangelien**". Synopse heißt „Zusammenschau" – man kann sie vergleichend lesen. In der „**Zwei-Quellen-Theorie**" geht man davon aus, dass sich Matthäus und Lukas an Markus orientiert haben. Sie haben wohl dazu noch eine Quelle („Q") benutzt, in der Reden („Logien") Jesu aufgeschrieben waren. Dazu kommen eigene Texte, auch Sondergut genannt.

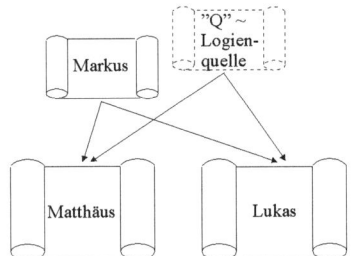

☞ Was fällt dir auf, wenn du dir die Zahlen der Tabelle ansiehst?

Evangelist ... insgesamt	Markus: 661 Verse	Matthäus: 1060 Verse	Lukas: 1149 Verse
Mk hat gemeinsam mit ...	35 Sondergut	Etwa 600 Verse	Etwa 350 Verse
Mt hat gemeinsam mit ...	Etwa 600 Verse	350 Sondergut	Etwa 240 Verse
Lk hat gemeinsam mit ...	Etwa 350 Verse	Etwa 240 Verse	548 Sondergut

Matthäus 8

18 Als aber Jesus die Menge um sich sah, befahl er, hinüber ans andre Ufer zu fahren.
23 Und er stieg in das Boot und seine Jünger folgten ihm.

24 Und siehe, da erhob sich ein gewaltiger Sturm auf dem See, sodass auch das Boot von Wellen zugedeckt wurde.
Er aber schlief.
25 Und sie traten zu ihm, weckten ihn auf und sprachen: Herr, hilf, wir kommen um!
26 Da sagte er zu ihnen: Ihr Kleingläubigen, warum seid ihr so furchtsam? Und stand auf und bedrohte den Wind und das Meer. Da wurde es ganz stille.

27 Die Menschen aber verwunderten sich und sprachen: Was ist das für ein Mann, dass ihm Wind und Meer gehorsam sind?

Markus 4

35 Und am Abend desselben Tages sprach er zu ihnen: Lasst uns hinüberfahren.
36 Und sie ließen das Volk gehen und nahmen ihn mit, wie er im Boot war, und es waren noch andere Boote bei ihm.

37 Und es erhob sich ein großer Windwirbel und die Wellen schlugen in das Boot, sodass das Boot schon voll wurde.
38 Und er war hinten im Boot und schlief auf einem Kissen. Und sie weckten ihn auf und sprachen zu ihm: Meister, fragst du nichts danach, dass wir umkommen?
39 Und er stand auf und bedrohte den Wind und sprach zu dem Meer: Schweig und verstumme! Und der Wind legte sich und es entstand eine große Stille.
40 Und er sprach zu ihnen: Was seid ihr so furchtsam? Habt ihr noch keinen Glauben?
41 Sie aber fürchteten sich sehr und sprachen untereinander: Wer ist der? Auch Wind und Meer sind ihm gehorsam!

Lukas 8

22 Und es begab sich an einem der Tage, dass er in ein Boot stieg mit seinen Jüngern; und er sprach zu ihnen: Lasst uns über den See fahren. Und sie stießen vom Land ab.

23 Und als sie fuhren, schlief er ein. Und es kam ein Windwirbel über den See und die Wellen überfielen sie, und sie waren in großer Gefahr.
24 Da traten sie zu ihm und weckten ihn auf und sprachen: Meister, Meister, wir kommen um! Da stand er auf und bedrohte den Wind und die Wogen des Wassers, und sie legten sich und es entstand eine Stille.
25 Er sprach aber zu ihnen: Wo ist euer Glaube? Sie aber fürchteten sich und verwunderten sich und sprachen zueinander: Wer ist dieser? Auch dem Wind und dem Wasser gebietet er und sie sind ihm gehorsam.

☞ Lies die drei Berichte und markiere mit unterschiedlichen Farben ...

📖 .... was übereinstimmend berichtet wird

📖 .... wo es Besonderheiten gibt.

☞ Welche Absicht erkennt man bei den unterschiedlichen Berichten?

Tipp: Matthäus erzählt besonders Nachfolgegeschichten, bei denen die Nachfolger Jesu immer wieder in Gefahr kommen und Rettung erfahren.
Lukas schreibt distanzierter. Jesus ist der erhabene Meister.
Markus erzählt spannend und dialogreich. Jesus nimmt es mit Gewalten auf und ist nahe, wo der Glaube fehlt.

Bibel lesen: Lukasevangelium

Ein Evangelium, das sich gut auch ganz lesen lässt, ist das Evangelium nach Lukas.

Folgende Textabschnitte bieten sich als Auswahl an, um einen Einblick in das Evangelium zu bekommen.

☞ Teilt die Texte in der Gruppe auf.
Gestaltet jeweils eine Seite zu dem Bibeltext, den ihr zu lesen habt. Es soll besonders die Botschaft des Textes gut rüberkommen.

Lk 1, 1–4	Lukas spricht über sein Vorhaben
Lk 1, 26–56	Ankündigung der Geburt Jesu
Lk 2, 1–21	Jesu Geburt
Lk 2, 41–52	Jesus im Tempel
Lk 3, 21–22	Jesu Taufe
Lk 5, 1–11	Der Fischzug des Petrus
Lk 5, 17–26	Heilung des Gelähmten
Lk 5, 20–23	Die Seligpreisungen
Lk 6, 27–38	Feldrede von der Feindesliebe
Lk 8, 22–25	Stillung des Sturms
Lk 10, 25–37	Gleichnis vom barmherzigen Samariter
Lk 10, 38–42	Maria und Martha
Lk 15, 1–7	Gleichnis vom verlorenen Schaf
Lk 15, 11–32	Gleichnis vom verlorenen Sohn
Lk 16, 19–31	Reicher Mann und Lazarus
Lk 18, 15–17	Segnung der Kinder
Lk 19, 1–10	Zachäus
Lk 19, 45–48	Tempelreinigung
Lk 22, 1–23	Abendmahl
Lk 22, 39–62	Jesu Gefangennahme
Lk 22, 63–23, 25	Jesu Verurteilung
Lk 23, 26–49	Kreuzigung und Tod
Lk 23, 50–24, 12	Grablegung und Auferstehung Jesu
Lk 24, 13–35	Emmausgeschichte
Lk 24, 36–53	Jesu Auferstehung und Himmelfahrt

☞ Man kann aus dem Ergebnis auch ein eigenes Lukas-Evangelienbuch gestalten, indem man die Einzelergebnisse zusammenstellt. Entwerft dazu ein Titelblatt. Ihr könnt die Darstellung des Lukas oben dazu verwenden. Sie stammt aus dem Neuen Testament, das Luther 1522 auf der Wartburg übersetzte.

Bibel lesen: Bergpredigt

In Mt 5–7 findet sich einer der bekanntesten Texte der Bibel: die **Bergpredigt**. Folgende Textabschnitte bieten sich als Auswahl an, um einen Einblick in die Bergpredigt zu bekommen.

☞ Teilt die Texte in der Gruppe auf.
   Gestaltet jeweils eine Seite zu dem Bibeltext, den ihr zu lesen habt.

📖	Mt 5, 1–12	Seligpreisungen
📖	Mt 5, 14–18	Salz- und Lichtwort
📖	Mt 5, 38–42	Vom Vergelten
📖	Mt 5, 43–48	Feindesliebe
📖	Mt 6, 9–13	Vaterunser
📖	Mt 6, 19–34	Schätze sammeln und sorgen
📖	Mt 7, 1–5	Vom Richten
📖	Mt 7, 12–14	Tun des göttlichen Willens
📖	Mt 7, 24–27	Vom Hausbau

☞ Man kann auch ein eigenes Bergpredigt-Buch gestalten.
   Entwerft dazu ein Titelblatt, das Jesus auf dem Berg darstellt.

☞ Vergleicht das, was ihr gelesen habt, mit der Darstellung der Bergpredigt in einer Schulbibel vor 50 Jahren.
   Was gefällt euch, was stört euch an einer solchen Darstellung.

Bibel lesen: Seligpreisungen

Die Seligpreisungen sind einer der bekanntesten Texte der Bergpredigt. Auf einem Berg in der Nähe der Stadt Kapernaum wird heute noch durch eine Kirche an sie erinnert (Bild). Sie sind nicht einfach zu verstehen.

☞ Klärt die Fragen zu den einzelnen Abschnitten der Bergpredigt. Ihr könnt hierzu auch Hilfsmittel (Erklärungen) benutzen.

Luther Bibel 1984	Fragen
3 Selig sind, die da geistlich arm sind; denn ihrer ist das Himmelreich.	„Geistlich arm", das könnte meinen …
4 Selig sind, die da Leid tragen; denn sie sollen getröstet werden.	Leid tragen, das heißt im Leben …
5 Selig sind die Sanftmütigen, denn sie werden das Erdreich besitzen.	Sanftmütig ist man, wenn …
6 Selig sind, die da hungern und dürsten nach Gerechtigkeit; denn sie sollen satt werden.	Hunger nach Gerechtigkeit ist dann gestillt, wenn ...
7 Selig sind die Barmherzigen; denn sie werden Barmherzigkeit erlangen.	„Barmherzig sein" fällt leicht, wenn …
8 Selig sind, die reinen Herzens sind; denn sie werden Gott schauen.	Ein „reines Herz" meint …
9 Selig sind die Friedfertigen; denn sie werden Gottes Kinder heißen.	Frieden stiften geht, wenn …
10 Selig sind, die um der Gerechtigkeit willen verfolgt werden; denn ihrer ist das Himmelreich.	Für Gerechtigkeit eintreten heißt …
11 Selig seid ihr, wenn euch die Menschen um meinetwillen schmähen und verfolgen und reden allerlei Übles gegen euch, wenn sie damit lügen.	Um seines Glaubens willen verfolgt werden bedeutet …
12 Seid fröhlich und getrost; es wird euch im Himmel reichlich belohnt werden. Denn ebenso haben sie verfolgt die Propheten, die vor euch gewesen sind.	Das wirkt auf mich …

Bibel lesen: Bibellesepläne

Viele Erzählungen und Geschichten bieten sich an, sie im Zusammenhang zu lesen. Man kann sich diese Geschichten vornehmen, indem man sich einen Bibelleseplan macht. Oder man kann auch in Kleingruppen jeweils einen Text genau lesen und den anderen vorstellen. Folgende Textabschnitte bieten sich als Auswahl an, um einen Einblick in die jeweilige Geschichte oder das Buch zu bekommen.

☞ Teilt die Texte in der Gruppe auf.
Gestaltet jeweils eine Seite zu dem Bibeltext, den ihr zu lesen habt.
Es soll besonders die Botschaft des Textes auf den Punkt gebracht werden.

Josef

1. Mose 37, 1–11	Vaters Liebling
1. Mose 37, 12–36	Josef wird verkauft
1. Mose 39, 1–40	Josef kommt ins Gefängnis
1. Mose 41	Josef wird Minister
1. Mose 42	Die Brüder Josefs in Ägypten
1. Mose 43–45	Josef und seine Brüder

Mose

1. Mose 1–2	Bedrohung Israels und Moses
1. Mose 3–4	Mose in der Wüste
1. Mose 5	Mose vor Pharao
1. Mose 12	Das Passahfest
2. Mose 13, 17–14, 12	Aufbruch und Hadern
2. Mose 14, 15–15	Wunder am Schilfmeer und Loblied
2. Mose 16–17	Rettung in der Wüste
2. Mose 19–20	Am Sinai
2. Mose 32	Goldenes Kalb
4. Mose 13	Aussendung der Kundschafter
5. Mose 32	Moses Tod

Amos

Amos 1	Der Löwe brüllt
Amos 2	Was schief läuft
Amos 3–4	Kein Recht achten
Amos 5	Noch Hoffnung?
Amos 7	Was kommt?
Amos 8	Reif zum Ende
Amos 9	Zerbrochenes aufrichten

Jona

Jona 1	Falsche Richtung
Jona 2	Aus der Tiefe
Jona 3	Umkehren
Jona 4	Grenzenlose Liebe

Prediger Salomo – Kohelet

Pred 1	Alles vergeblich
Pred 3, 1–15	Alles hat seine Zeit
Pred 3, 16–22	Trotz allem fröhlich
Pred 4	Unrecht
Pred 8	Gottes verborgenes Walten
Pred 9	Das Beste daraus machen

Wie erzähle ich eine biblische Geschichte?

Wie erzählt man eine Geschichte spannend?
Vor dieser Frage steht man besonders bei biblischen Geschichten.
Sie wurden ursprünglich weitererzählt, bis sie aufgeschrieben wurden.
Doch damals konnten viele Menschen noch gut erzählen,
konnten so etwas wie ein „Kino im Kopf" erzeugen.
Heute sind wir durch Film und Fernsehen an kurze, spannungsreiche
Szenen gewöhnt. Das verändert auch unsere Hörgewohnheiten.
Aber es gibt Tipps für das Erzählen einer Geschichte,
den **POZEK-Schlüssel (Personen, Ort, Zeit, Ereignis, Kern).**

Vorbereitung auf eine Erzähl-Reise

Um eine biblische Geschichte zu erzählen, muss man in sie hineinführen. Ein „stellt euch mal vor" reicht da nicht aus. **Traumreisen** haben sich bewährt, bei denen man die Augen schließen lässt und eine Zeitreise (Zeitmaschine) in die biblische Geschichte macht. Hilfreich kann dabei auch Musik sein.

POZEK-Schlüssel

P = Personen

Erzählende sollten darauf achten, dass Personen lebendig werden.
- Stell dir in der Vorbereitung und beim Erzählen **echte Personen** vor: Ein alter Mann, ein junges Mädchen, je nachdem, um wen es in der Geschichte geht. Beschreibe Haare, Gesichtszüge, die Haltung. So kannst du einer Person Ausdruck geben.
- Kläre, welche **Rolle** eine Person spielt: Haupt-, Nebenrolle oder Statist.
- Kläre, welche besonderen **Handlungen** mit den Personen in Verbindung gebracht werden. Beschreibe, was sie tun, was mit ihnen geschieht oder wie sie sich geben.
- Was **denken und fühlen** die Menschen, die sprechen und handeln? Ein inneres Zwiegespräch, typische menschliche Reaktionen können in die Erzählung eingebaut werden.

O = Ort

Die Darstellung des Ortes, die Kulisse, erzeugt beim Zuhörer ein Raumgefühl.
- Stell dir intensiv den Ort vor, den du beschreiben willst. Du kannst dir zur Vorbereitung ein **Bild** in einem Bildband oder Reiseführer ansehen. Bei Jesus-Geschichten kann es z.B. die Wüste, das Ufer des Sees Genezareth oder Jerusalem sein. Präge dir die Umgebung, typische Pflanzen oder die Farben einer Landschaft ein.
- Baue **Geräusche** ein, die der Umgebung zugeordnet werden könnten: z.B. Plätschern von Wasser, das Treiben auf einem Bazar, der Wind, der über ein Kornfeld bläst. Auch **Gerüche** gehören zur Atmosphäre eines Ortes.

Z = Zeit

Zeiträume spielen für das Erfassen der Geschichte eine wichtige Rolle.
- Eine **historische Zeitepoche** ist für junge Menschen nicht so leicht fassbar. Dass es in der Zeit der Bibel keine Autos, Fernsehapparate, kein fließendes Wasser oder Strom gab, kann man in die Geschichte einbauen.
- Bestimmte **Tages- oder Jahreszeiten** lösen Stimmungen aus, die für eine Geschichte nicht unerheblich sein können. Wie die Sonne am Himmel steht, ob Morgen- oder Abenddämmerung ist, ob Frühnebel über den Feldern hängt – all dies kann eine Geschichte anschaulich und farbig machen.

E = Ereignisse

Der Ablauf, ein guter Spannungsbogen, ist wichtig für eine gute Erzählung.

- Eine Geschichte lebt von dem **Höhepunkt**. Lies die Geschichte und finde heraus, wo sich ein solcher Höhepunkt befindet. Um diesen herum baue dann die Geschichte auf. Ist der Höhepunkt ein Geschehen, eine Tat oder ein Ausspruch? Höhepunkte können ganz verschieden sein.
- Auf den Höhepunkt läuft ein **Spannungsbogen** zu, der meist schon in der Geschichte angelegt ist. Achte dabei darauf, ob die einzelnen Szenen auch gute **Übergänge** haben.

K = Kern

Das Wesentliche einer Geschichte ist der Erzählkern.

- Man muss sich klar machen: Was ist der **Kerngedanke** einer Geschichte? Was will sie uns sagen?
- Der Kern der Geschichte sollte in eigenen Worten, kurz und prägnant, auf den Punkt gebracht werden können. Wenn ich nicht klar sagen kann, worum es geht, dann wird meist auch die Geschichte langatmig und langweilig.

P.O.Z.E.K

Der Schlüssel zu einer spannenden Geschichte

P = Person	O = Ort	Z = Zeit	E = Ereignisse	K = Kern
• Kläre: Wer tritt in der Geschichte auf? • Fülle die Personen mit Farbe. Stelle dir konkrete Personen vor und beschreibe deren Aussehen und besonderen Merkmale. • Kläre, welche Rollen die zu beschreibenden Personen spielen.	• Beschreibe bildhaft die Kulisse, die sich hinter der Erzählung verbirgt. • Achte auf Einzelheiten der Naturbeobachtung, Geräusche, Gerüche, usw. ..., die der Geschichte Farbe geben können.	• Beschreibe die zeitgeschichtliche Umgebung der Geschichte. Was war „damals" anders als heute? • Zu welchen Tagesoder Jahreszeiten spielt die Geschichte? Baue ein, was für diese Zeiten typisch ist.	• Suche den Höhepunkt der Geschichte (ob ein Ausspruch, eine Tat, oder ein Geschehen). • Finde den Spannungsbogen, der auf den Höhepunkt zuläuft und baue ihn aus. • Gliedere die Reihenfolge der Szene im Blick auf den Höhepunkt.	• Fasse den Kerngedanken der Geschichte zusammen. • Kläre, was du durch die Geschichte anderen sagen willst. Sag dir in einem Satz laut vor, worum es für dich in der Geschichte geht.

Unterschiedliche Blickwinkel auf die Bibel

Die Bibel wird nicht immer gleich ausgelegt.
Besonders in Bibelkommentaren wird deutlich,
dass ein unterschiedlicher Blickwinkel
die Auslegung bestimmt.
Einige Beispiele für solche Blickwinkel sind:

👁 Fundamentalistische Auslegung

Alles, was in der Bibel steht, ist buchstäblich wahr und hat Bedeutung für mein Leben.
Es wird alles, was in der Bibel steht, ohne Hinterfragen angenommen,
auch wenn die Vernunft dagegen spricht.
Die Heilige Schrift kennt keine Irrtümer.

👁 Historisch-Kritische Auslegung

Die biblischen Texte sind in eine bestimmte Zeit hinein gesprochen worden.
Man muss zuerst einmal den Hintergrund der Texte verstehen,
um sie für die heutige Zeit interpretieren zu können.
Daher wird durch historisch-kritische Methoden untersucht,
welche Texte ursprünglicher sind als andere,
und in welcher Absicht die Texte ursprünglich erzählt oder aufgeschrieben wurden.

👁 Psychologische Auslegung

In der Bibel finden sich Texte mit einer besonderen Tiefendimension.
Die Erkenntnisse der modernen Psychologie helfen uns, diese Texte zu deuten.
Daher werden sie nach heutigen psychologischen Methoden untersucht und gefragt,
welchen Sinn sie haben.
Dabei werden Doppeldeutigkeiten und Symbole entschlüsselt.

👁 Befreiungstheologische Auslegung

Viele Texte oder ganze Erzählungen berichten davon, dass Gott den Menschen
beisteht, die sich in einer Notlage befinden.
Die Befreiung der Unterdrückten ist die Kernbotschaft der Bibel.
Die Bibel fordert somit auch uns auf, gegen Unterdrückung einzutreten.

👁 Feministische Auslegung

In vielen Texten spielen Frauen nur eine Nebenrolle. Das liegt daran, dass Redaktionen später die Texte verändert haben. Dies gilt es rückgängig zu machen.
Es gibt auch starke Frauengestalten in der Bibel, die stärker zu beachten sind.
Texte, in denen es um Befreiung geht, sprechen Frauen in besonderer Weise an.

☞ Worin unterscheiden sich diese verschiedenen Auslegungen,
wo gibt es Gemeinsamkeiten?

Bibelkritik – biblische Texte untersuchen

Die Texte der Bibel wurden für Menschen in einer ganz anderen Zeit niedergeschrieben.
Es gibt untersuchende Methoden, mit deren Hilfe man herauszufinden versucht, wie die biblischen Texte entstanden sind, wie die Autoren gearbeitet haben und was sie mitteilen wollten.
Diese nennt man **historisch-kritische Methoden**,
weil man die Geschichte befragt und den Text untersucht.
„Kritik" bedeutet nämlich „Untersuchung".
Beispiele für die Methoden sind:

Textkritik	Der genaue Wortlaut wird ermittelt. Daher werden alle alten Handschriften gesichtet und überprüft.
Quellenkritik	Es werden alle Spuren schriftlicher, aber auch mündlicher Quellen, die vermutlich verwendet wurden, offen gelegt.
Literarkritik	Man fragt, welche Rede- oder Literaturform hier vorliegt. Dabei versucht man aus der Umwelt der Bibel bekannte Literatur-„Gattungen" zu finden, die als Hilfe zur Einordnung dienen (z.B. Wundergeschichten).
Formkritik	Die Formen in kleineren Einheiten werden untersucht. Man fragt sich auch, wo deren „Sitz im Leben" der Menschen damals war, d.h. wo eine solche Art von Text Verwendung fand (Gottesdienst ...).
Redaktionskritik	Man fragt danach, mit welcher Absicht die Verfasser ihre Schriften so zusammengestellt haben, wie wir sie vorfinden.
Wortanalyse	Begriffe werden vor dem Hintergrund ihrer Bedeutung von damals erschlossen. Dabei wird auch geprüft, wie dieses Wort im Kontext des Bibeltextes zu verstehen ist.
Traditionsgeschichte	Hier wird untersucht, ob eine bestimmte Tradition im Text verarbeitet wurde.
Auslegungsgeschichte	Um den Text heute besser verstehen zu können, muss man die lange Tradition, wie der Text über die Jahrhunderte ausgelegt wurde, kennen. Hier wird besonders Literatur und Kunst analysiert.

Bibelkritik versucht also, die Bibel vom Text und seiner Geschichte her genau zu untersuchen.
Ihre Ziele sind, so gut wie möglich ...
      ... die ursprünglichen Bibeltexte aus den Fundstücken zu gewinnen.
      ... den ursprünglichen sprachlichen Stil herauszufinden.
      ... die ursprüngliche Aussageabsicht zu entdecken.

☞ Was können historisch-kritische Methoden leisten?
☞ Wo sind ihre Grenzen?

Bibel auslegen – damals

Schon sehr früh legte man die Bibel aus.
So erfand ein früher Theologe namens **Origenes**
ein System vom **dreifachen Schriftsinn:**

 **Buchstäblich**:
Was steht eigentlich im Text?
Man versucht, genau herauszufinden, was der Text aussagt.

 **Moralisch:**
Was bedeutet das praktisch?
Es wird gefragt, wie sich eine Botschaft auf das Handeln auswirken könnte.

 **Symbolisch:**
Was bedeutet das für uns, was da steht?
Es wird eine tiefer gehende Bedeutung des Textes gesucht.

Einer der symbolischen Auslegungswege war die **allegorische Auslegung.**
Geschilderte Ereignisse sind nichts anderes als Bilder aktueller Ereignisse oder allgemeine Erfahrungen. Wenn man die Geschichte von Jesus im Seesturm liest, dann bedeutet das: Das Schiff ist die Kirche im Sturm der Zeit. Jesus hilft der Kirche, den Sturm zu überstehen.

Ein anderer symbolischer Weg war die **typologische Auslegung.**
Bei Texten aus dem Alten Testament wurde gefragt, ob hier nicht ein Hinweis auf Jesus vorliege. So glaubte man, im Alten Testament Weissagungen zu finden, die schon Jesus beschreiben. Das bekannteste Beispiel einer solchen Auslegung ist Jesaja 11,1. In Kunstwerken und im Kirchenlied „Es ist ein Ros entsprungen" wird dieser Text auf die Geburt Jesu hin ausgelegt.

Der **Theologe Augustinus (354–430)**
fasst schließlich folgendermaßen
zusammen, wie man in der Frühzeit des
Christentums die Bibel auslegte:

Bemühe dich um die Kenntnis des Hebräischen und Griechischen, denn beides ist wesentlich für das Erfassen der Bildersprache der Heiligen Schrift.
Mache dich mit der Geografie und Naturgeschichte des Heiligen Landes, der Musik, der Chronologie und Zahlenlehre vertraut.
Lerne die Schriften der alten Philosophen kennen.
Denke daran, dass die Schrift angelegt ist, mehrere Auslegungen zuzulassen.
Deute dunkle Stellen im Licht verständlicher Stellen.

☞ Was ist heute noch wichtig, was ist problematisch an dieser Bibelauslegung?

Typologische Auslegung: Jes 11, 1

1. Es ist ein Ros entsprungen
aus einer Wurzel zart,
wie uns die Alten sungen,
von Jesse kam die Art
und hat ein Blümlein bracht
mitten im kalten Winter
wohl zu der halben Nacht.

2. Das Blümlein, das ich meine,
davon Jesaia sagt,
hat uns gebracht alleine
Marie, die reine Magd;
aus Gottes ewgem Rat
hat sein ein Kind geboren,
welches uns selig macht.

3. Das Blümelein so kleine,
das duftet uns so süß;
mit seinem hellen Scheine
vertreibt's die Finsternis.
Wahr' Mensch und wahrer Gott,
hilf uns aus allem Leide,
rettet von Sünd und Tod.

4. O Jesu, bis zum Scheiden
aus diesem Jammertal
lass dein Hilf uns geleiten
hin in den Freudensaal,
in deines Vaters Reich,
da wir dich ewig loben;
o Gott, uns das verleih!

EG 30

Und es wird ein Reis hervorgehen aus dem Stamm Isais und ein Zweig aus seiner Wurzel Frucht bringen.
Auf ihm wird ruhen der Geist des HERRN, der Geist der Weisheit und des Verstandes, der Geist des Rates und der Stärke, der Geist der Erkenntnis und der Furcht des HERRN.

Jes 11, 1–2

Du findest hier den Bibeltext Jes 11,1–2, einen Holzschnitt aus einer frühen deutschen Bibel aus dem Jahr 1475, der eine Initiale am Anfang des Jesajabuches zeigt und schließlich das bekannte Weihnachtslied „Es ist ein Ros entsprungen (EG 30).

☞ Vergleiche den Bibeltext und die beiden Auslegungen.
Wie wird der Text interpretiert?

☞ Was kann an einer solchen Auslegung problematisch sein?

Bibelkommentar schreiben

Schon in frühen Handschriften im Christentum und im Judentum hat man die Bibel mit einem Kommentar umgeben.

☞ Setzt euch zu mindestens drei Personen zusammen.
Lest den Text und schreibt um ihn herum einen stummen Kommentar.
Regel: Es gibt nur einen Stift und es herrscht absolute Stille.

☞ Versucht anschließend herauszufinden, ob ihr in eurer Kommentierung einen besonderen „Blickwinkel" auf die Bibel habt.

Euch, die ihr mir zuhört, sage ich:
Liebt eure Feinde;
tut denen Gutes, die euch hassen;
segnet die, die euch verfluchen,
und betet für alle, die euch schlecht behandeln.
Wenn dich jemand auf die Backe schlägt, dann halte ihm auch die andere Backe hin.
Wenn dir jemand den Mantel wegnimmt, dann gib ihm noch das Hemd dazu.
Wenn jemand dich um etwas bittet, dann gib es ihm;
und wenn jemand dir etwas wegnimmt, dann fordere es nicht zurück.

Lk 6, 27–30

Sprachformen der Bibel

Für eigene Notizen

Geschichtserzählungen	
Sagen	
Liebesgedichte	
Lieder	
Schlaue Worte	
Prophetische Worte	
Evangelien	
Gleichnisse	
Briefe	
Gebete	
Offenbarung	

Entdeckungen: Sprachformen der Bibel

Diese Entdeckungen führen in die Sprachformen der Bibel ein.
Textgattungen sollen unterschieden und ihr Sinn erschlossen werden können.

Unterschiedlich von einer Sache reden	Ein Erlebnis – mehrere Wege, dieses darzustellen. Die Übung versucht eine aktuelle Einleitung in die Sprachformen und Gattungen.	📖📖	76
Sprachenformen der Bibel	Biblische Texte sollen Textgattungen zugeordnet werden. Dabei werden diese kurz erklärt. Text und Erklärung können auch spielerisch einander zugeordnet werden.	📖📖📖	77

Sprachformen der Bibel	Unterschiedliche Sprachformen und Textgattungen der Bibel können gut gruppenteilig erschlossen werden. **Die vorliegenden Beispiele sind:** 📖 **Geschichtsberichte** 📖 **Sagen** 📖 **Liebesgedichte** 📖 **Lieder** 📖 **Schlaue Worte** 📖 **Botschaft der Propheten** 📖 **Evangelien – Gute Botschaft** 📖 **Gleichnisse** 📖 **Briefe** 📖 **Gebete** 📖 **Wegweiser** 📖 **Offenbarung** Das Blatt „Sprachformen der Bibel – für eigene Notizen" kann für eine Zusammenfassung der Gruppenergebnisse zu Hilfe genommen werden.	📖📖	78-89

Unterschiedlich von einer Sache reden

1. In den letzten Tagen hast du einiges erlebt.
Schreibe kurz etwas darüber ...

- ... für deinen besten Freund/deine beste Freundin
- ... als Bericht für Schule oder Beruf

☞ Wo liegen Unterschiede, wo liegen Gemeinsamkeiten der Darstellungen?

2. Die Bibel erzählt uns über Erfahrungen, die Menschen mit Gott machten.
Menschen drücken aber ihre Erfahrungen sehr unterschiedlich aus.

☞ Man soll einen wunderschönen Sonnenuntergang in Sprache fassen.
Wie würden dies folgende Menschen tun:

- Ein Dichter schreibt ein Gedicht über die Schönheit des Sonnenuntergangs.

- Ein Naturwissenschaftler beschreibt, wieso sich beim Sonnenuntergang der Himmel färbt.

- Ein Reiseunternehmer schreibt einen Werbetext für eine Küste, die berühmt für ihre schönen Sonnenuntergänge ist.

- Einer schreibt ein Dankgebet über die Schönheit der Schöpfung und den Sonnenuntergang.

☞ Wenn jemand in 2000 Jahren dies alles lesen würde – vor welchen Problemen stünde er?

Sprachformen der Bibel

In der Bibel gibt es unterschiedliche Formen von Texten, die man Gattungen nennt. Folgende Gattungen findet man beispielsweise in der Bibel:

Geschichtsberichte	... erzählen Ereignisse aus der Geschichte Israels oder dem Leben Jesu. Sie werden oft, wie damals üblich, ausgeschmückt.
Sagen	... erzählen Ereignisse, die weitergesagt werden und einen wahren Kern haben. Sagen deuten oft den Hintergrund eines Ortes oder die Bedeutung einer Person.
Lieder	... bringen Lob, Dank, Klage oder Bitten in Versform zum Ausdruck und enthalten oft Hinweise zur musikalischen Umsetzung.
Sprüche	... bringen in Form von kurzen Sätzen eine allgemeine Weisheit auf den Punkt.
Stammbäume	... sollen zeigen, wie sich über Generationen verwandtschaftliche Verhältnisse entwickelt haben.
Fabeln	... erzählen lehrhaft kurz eine Geschichte, indem menschliche Erfahrungen oder Eigenschaften auf die Tier- oder Pflanzenwelt übertragen werden.
Prophetische Worte	... mahnen an, was Gott von uns erwartet und zeigen auf, wie Menschen durch Fehlverhalten sich und anderen schaden.
Gebete	... sprechen Gott an und drücken Lob, Dank, Klage oder Bitten in direkter Rede aus.
Liebesgedichte	... malen in poetischer Form die Liebe zu einem anderen aus. In der Bibel umschreibt ein Liebesgedicht auch oft die Liebe zu Gott.
Bekenntnisse	... zeigen, woran sich Menschen orientieren, die an eine bestimmte Sache glauben.
Evangelien	... überliefern schriftlich für andere Worte und Taten Jesu als „gute Botschaft".
Streitgespräche	... schildern eine Auseinandersetzung, bei der wichtige Glaubensaussagen auf den Punkt gebracht werden.
Gleichnisse	... umschreiben bildhaft Geschehnisse, um auch Jenseitiges oder Zukünftiges vor Augen zu führen.
Wunderberichte	... beschreiben Heilungen oder eine Rettung nach einem bestimmten Schema, das die Menschen damals kannten.
Briefe	... sind adressiert an eine Person oder Gemeinde, geben Ratschläge oder Antworten in Glaubensfragen und haben häufig eine gemeinsame Form.
Offenbarung	... ist die Enthüllung von etwas Verborgenem. Da das Buch der Offenbarung in einer Verfolgungssituation verschlüsselt geschrieben wurde, verstehen wir sie heute kaum.

☞ Ordne folgende Texte der Bibel den Gattungen zu:

Apg 3, 1–11 – Ri 9, 7ff. – Mk 2, 23–28 – Spr 16, 18

Geschichtsberichte

Ein großer Teil der Bibel sind Geschichten des Volkes Israel.
Besonders folgende Geschichtskomplexe sind im Alten Testament zu finden:

- Moses
- Saul und David
- Salomon
- Könige Israels

Erlebte Geschichte wird so über Jahrhunderte weitererzählt.
Dabei kann auch das passieren, was wir aus dem Spiel „Flüsterpost" kennen:
Ein Erlebnis wird beim Weitererzählen ausgeschmückt, gedeutet,
vielleicht auch nicht richtig verstanden und dann verändert.
Die Geschichtsberichte haben als **Grundstein** einen Kern, das Wichtigste, was
durch die Geschichte weitergegeben werden soll.

☞ Ein Geschichtsbericht ist beispielsweise die Geschichte von David und Bathseba.
Lies 2. Sam 11 und finde diesen Kern oder Grundstein in dem Bericht.

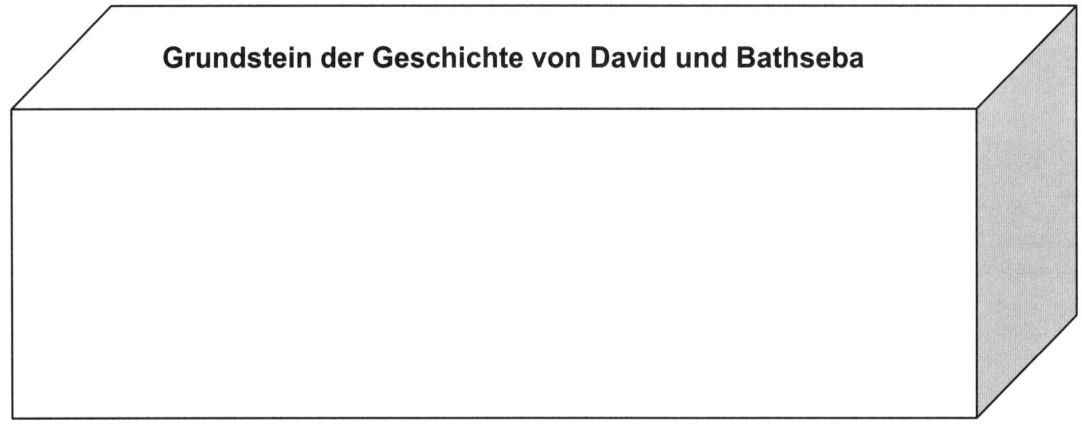

Grundstein der Geschichte von David und Bathseba

☞ Was unterscheidet einen solchen Geschichtsbericht von einem, der heute geschrieben werden würde?

Sagen

Sagen sind keine unwahren Geschichten. Hinter einer Sage steckt meist ein wahrer Kern. Sie zeigt eine Geschichte, die sich mit einer besonderen Erfahrung des Volkes verbunden hat, und erklärt, warum Dinge heute so sind, wie sie sind.
Hier ein Beispiel:

Jos 6 berichtet von der **Zerstörung Jerichos**.

Josua, der Nachfolger des Mose, soll die Stadt Jericho beim Einzug der Israeliten ins Land zerstört haben. Sieben Priester sind demnach sieben Tage um die Mauern der Stadt gezogen. Dann sind diese Mauern eingebrochen und die Stadt konnte erobert werden.

Aus heutiger Sicht fragt man sich:

Was wussten die Menschen, als die Erzählungen aufgeschrieben wurden?
- Josua war ein mächtiger Heerführer.
- Unter seiner Führung eroberten Stämme Israels die Städte der Kanaanäer im Land Israel.
- Die Menschen sahen noch Jahrhunderte später zerstörte Stadtmauern im Land – auch die von Jericho.

Was wissen wir heute?
- Es gab wohl nicht einen großen Heerzug aller Hebräer nach Israel, sondern viele kleine Militäraktionen oder Aufstände.
- Um 1200 vor Christus, als der Einzug Josuas stattgefunden haben soll, sind Zerstörungen von Orten im Land durch die Archäologie nachweisbar.
- Jericho wurde mehrfach zerstört. Die Zerstörung, die die Menschen sahen, stammte wohl aus einer Zeit Jahrhunderte vor dem Einmarsch der Israeliten.

Grund für die Erzählung
Menschen sahen die zerstörten Mauern von Jericho. Um diese Mauer wuchs eine Erzählung, die die wahre Geschichte (Städte wurden beim Aufstand oder beim Einmarsch von Hebräern zerstört) damit verband.
Die Ursache (= griechisch: Aitia) dafür, dass hier eine zerstörte Stadt ist, wird weitergesagt. So entstand eine **ätiologische Sage**.

Eine weitere ätiologische Sage findet sich in **Gen 19, 1–29, der Geschichte von Sodom und Gomorra** am Toten Meer.

☞ Lies in der Geschichte besonders am Ende über das Schicksal von Lots Frau.

☞ Erkundige dich in Reiseführern, Büchern zum Land der Bibel oder über das Internet über Säulen aus Salz am Toten Meer, die zur Entstehung dieser ätiologischen Sage führen konnten.

Lieder

Es gibt Lieder in der Bibel – sogar ein ganzes Liederbuch, die **Psalmen.**
Psalmos (griech.) bedeutet „Saiten spielen", und in vielen Psalmen sind
Hinweise überliefert, mit welchem Musikinstrument das Lied nun
vorzusingen sei. Formen und Themen der Lieder sind dabei unterschiedlich:

Ps 8, **1** Ein Psalm Davids, vorzusingen, auf der Gittit.
2 Herr, unser Herrscher, wie herrlich ist dein Name in allen Landen, der du zeigst deine Hoheit am
Himmel! **3** Aus dem Munde der jungen Kinder und Säuglinge / hast du eine Macht zugerichtet um
deiner Feinde willen, dass du vertilgest den Feind und den Rachgierigen. **4** Wenn ich sehe die Himmel, deiner Finger Werk, den Mond und die Sterne, die du bereitet hast: **5** was ist der Mensch, dass
du seiner gedenkst, und des Menschen Kind, dass du dich seiner annimmst? **6** Du hast ihn wenig
niedriger gemacht als Gott, mit Ehre und Herrlichkeit hast du ihn gekrönt. **7** Du hast ihn zum Herrn
gemacht über deiner Hände Werk, alles hast du unter seine Füße getan: **8** Schafe und Rinder allzu-
mal, dazu auch die wilden Tiere, **9** die Vögel unter dem Himmel und die Fische im Meer und alles,
was die Meere durchzieht. **10** Herr, unser Herrscher, wie herrlich ist dein Name in allen Landen.

Ps 13, **1** Ein Psalm Davids, vorzusingen.
2 Herr, wie lange willst du mich so ganz vergessen? Wie lange verbirgst du dein Antlitz vor mir? **3** Wie
lange soll ich sorgen in meiner Seele und mich ängsten in meinem Herzen täglich? Wie lange soll sich
mein Feind über mich erheben? **4** Schaue doch und erhöre mich, Herr, mein Gott! Erleuchte meine
Augen, dass ich nicht im Tode entschlafe, **5** dass nicht mein Feind sich rühme, er sei meiner mächtig
geworden, und meine Widersacher sich freuen, dass ich wanke. **6** Ich aber traue darauf, dass du so
gnädig bist; / mein Herz freut sich, dass du so gerne hilfst. Ich will dem Herrn singen, dass er so wohl
an mir tut.

aus: Luther 84

☞ Worum geht es in den beiden Psalmen, die David
(Holzschnitt von 1478) gedichtet haben soll?

☞ In welchem Musikstil würdet ihr Psalm 8 heute vertonen?
Ihr könnt natürlich auch selbst versuchen, den Psalm in
Form eines Liedes oder Sprachgesangs zu gestalten.

Es gibt noch weitere Lieder in der Bibel: z.B. Jona 2, 3–10 oder Judith 16.
Eines der bekanntesten Lieder findet sich 2. Mose 15 – das Lied der Mirjam:

Lasst uns dem Herrn singen,
denn er hat eine herrliche Tat getan,
Ross und Mann hat er ins Meer gestürzt.

☞ Welche Gefühle stecken in diesem Lied und wie wurde es wohl vorgesungen?

☞ Wie würde heute ein solches Lied bei den Menschen ankommen?

Liebesgedichte

Ein Mann schreibt einen Liebesbrief.
Er findet sich im Buch **Hohelied** 4 (aus: Gute Nachricht Bibel).

Du bist schön, meine Freundin
Preisen will ich deine Schönheit, du bist lieblich, meine Freundin.
Deine Augen sind wie Tauben, flattern hinter deinem Schleier.
Wie die Herde schwarzer Ziegen talwärts vom Berg Gilead zieht,
fließt das Haar auf deine Schultern.
Weiß wie frisch geschorne Schafe, wenn sie aus der Schwemme steigen,
glänzen prächtig deine Zähne, keiner fehlt in seiner Reihe.
Wie ein scharlachrotes Band ziehn sich deine feinen Lippen.
Wangen hinterm Schleier schimmern rötlich
wie die Scheibe eines Apfels vom Granatbaum.
Wie der Turm des Königs David, glatt und rund,
geschmückt mit tausend blanken Schilden, ragt dein Hals.
Deine Brüste sind zwei Zicklein,
Zwillingsjunge der Gazelle, die in Blumenwiesen weiden.
Wenn die Schatten länger werden
und der Abend Kühle bringt,
komm ich zu dir, ruh auf deinem Myrrhenberg
und Weihrauchhügel.
Deine Schönheit will ich preisen.
Du bist lieblich, meine Freundin,
und kein Fehler ist an dir.

☞ Unterstreiche mit unterschiedlichen Farben, was man heute noch so schreiben würde und was wohl eher nicht mehr.

☞ Da, wo du denkst, dass man das heute nicht mehr so ausdrücken würde, schreibe das Liebesgedicht so um, dass es Bilder aus unserer Welt und Sprache enthält.

☞ Vergleiche das Lied mit Psalm 45.
Wem gegenüber drückt hier der Liebende seine Liebe aus?

Schlaue Worte

In der Bibel gibt es ein ganzes Buch voller Sprüche und Lebensweisheiten.
Wohl knapp 1000 Jahre wurden die Sprüche gesammelt.
Einer der Bekanntesten ist (Spr 16, 18):

> Wer zugrunde gehen soll, der wird zuvor stolz;
> und Hochmut kommt vor dem Fall.

☞ Was ist mit dem Spruch wohl gemeint?

☞ Folgende Sprüche stammen auch aus der Bibel.
Die Textstreifen sollen auseinander geschnitten werden.
Der erste Teil (Bibelstelle) soll dem zweiten Teil des Spruchs zugeordnet werden.
Zur Überprüfung kannst du in der Bibel nachsehen, ob die Zuordnung stimmt.

Mt 7, 12: Behandle den Menschen so ...	... wie ihr selbst von ihnen behandelt werden wollt.
Mt 7, 6: Eure Perlen ...	... werft nicht vor die Säue.
Spr 22, 8: Wer Unrecht sät ...	... wird Unheil ernten.
Ps 133, 1: Ein Tor (dummer Mensch) glaubt, dass sein Weg richtig ist ...	... wer sich aber beraten lässt, ist klug.
Jak 1, 19: Jeder soll bereit sein zu hören ...	... aber sich Zeit lassen, bevor er redet.
Mk 14, 38: Der Geist ist willig ...	... das Fleisch ist schwach.
Spr. 11, 25: Wenn du mit anderen teilst, ...	... wirst du selbst beschenkt.
Spr. 26, 27: Wer anderen eine Grube gräbt ...	... fällt selbst hinein.
Spr. 27, 2: Überlasse es anderen, dich zu loben ...	... besser ein fremder Mund lobt dich als dein eigener.
Spr. 20, 1: Der Wein macht zum Großmaul und das Bier zum Krakeeler ...	... wer sich betrinkt, wird niemals weise.
Spr 17, 22: Fröhlichkeit ist gut für die Gesundheit ...	... Mutlosigkeit raubt einem die letzte Kraft.

☞ Was ist mit all den Sprüchen wohl gemeint?

Botschaft der Propheten

Propheten sagen den Menschen, wenn sie gegen Gottes Willen verstoßen.
Besonders bei Unterdrückung und Ungerechtigkeit, oder wenn das Volk fremden Göttern nachlief, traten sie auf.
Hier eine Rede des **Propheten Amos**:

1 Weh euch, ihr Sorglosen auf dem Berg Zion.
Ihr Selbstsicheren auf dem Berg von Samaria. Ihr Vornehmen Israels, des ersten aller Völker, bei denen die Leute Rat und Hilfe suchen ...
3 Ihr meint, das Unheil sei noch fern – dabei habt ihr ein System der Unterdrückung und Ausbeutung eingeführt! **4** Ihr räkelt euch auf euren elfenbeinverzierten Polsterbetten und esst das zarte Fleisch von Lämmern und Mastkälbern. **5** Ihr grölt zur Harfe und bildet euch ein, ihr könntet Lieder machen wie David. **6** Ihr trinkt den Wein kübelweise und verwendet die kostbarsten Parfüme; aber dass euer Land in den Untergang treibt, lässt euch kalt.
7 Deshalb sagt der Herr, der Gott der ganzen Welt: „Ihr müsst als Erste in die Verbannung gehen und eure Gelage nehmen ein jähes Ende."

Amos 6,
Gute Nachricht Bibel

☞ In welche Gefahr hat sich wohl ein Prophet begeben, der mit solchen Worten Mächtigen gegenübertrat?

☞ Propheten waren damals nichts Ungewöhnliches.
Es gab ...

- **Hofpropheten:** Sie standen im Dienst des Königs und sollten Unheil abwenden.
- **Tempelpropheten:** Sie waren den Priestern unterstellt und sollten Fürbitten machen.
- **Gemeinschaftspropheten:** Sie versuchten, durch Ekstase mit Gott Kontakt aufzunehmen.
- **Einzelpropheten:** Sie standen in Opposition zu den Herrschenden und erhoben im Namen Gottes das Wort gegen Unrecht.

Zu welcher Gruppe gehörte wohl Amos?

☞ Was würden Propheten wie Amos heute wohl alles den Mächtigen sagen?
Ihr könnt eine Rede schreiben, eine Szene stellen, wie ein Prophet an einem öffentlichen Ort zu den Mächtigen oder einer Menge spricht.
Achtet dabei auf eure Körperhaltung, Stimme und Auftreten.

Evangelien

Jesus und seine Jünger zogen durchs Land.
Nach Jesu Tod und Auferstehung werden seine Worte und Taten aufgeschrieben.
Die Evangelien fassen das Leben Jesu für bestimmte Gemeinden zusammen.
Matthäus schreibt für eine Gemeinde von Judenchristen und zitiert daher oft aus den heiligen
Schriften der Juden. Lukas schreibt wohl eher für Christen, die vorher keine Juden waren.
Daher braucht er diese Hinweise nicht.

Evangelium bedeutet übrigens „Gute" oder „Frohe Botschaft".
(Griechisch „eu" bedeutet „gut", „froh" und „angelia" heißt „Botschaft, Nachricht".)

☞ Auch ihr habt bereits schon etwas von Jesus gehört.
    Schreibt in Stichpunkten auf, was ihr anderen von ihm berichten würdet.

Evangelium nach ....

Gleichnisse

Jesus erzählt den Menschen in Bildern, wenn es um etwas geht, das Gott oder die Zukunft der Menschen betrifft. Damit will er meist in besonderen Situationen auch Fragen klären. So sagt er in der Bergpredigt.

13 Ihr seid das Salz der Erde. Wenn nun das Salz nicht mehr salzt, womit soll man salzen? Es ist zu nichts mehr nütze, als dass man es wegschüttet und lässt es von den Leuten zertreten.
14 Ihr seid das Licht der Welt. Es kann die Stadt, die auf einem Berge liegt, nicht verborgen sein.
15 Man zündet auch nicht ein Licht an und setzt es unter einen Scheffel, sondern auf einen Leuchter; so leuchtet es allen, die im Hause sind.
16 So lasst euer Licht leuchten vor den Leuten, damit sie eure guten Werke sehen und euren Vater im Himmel preisen.

Mt 5, 13–16
aus: Luther 84

☞ Jesus meint mit Salz und Licht ...

Ein Gleichnis hat immer auch eine Tiefendimension.
Der Erzähler möchte von einer anderen Welt oder von Gott erzählen.
Besonders deutlich wird dies im Gleichniskapitel von Lukas 15.

☞ Lies das ganze Kapitel 15. Versuche anhand der beiden Gleichnisse vom verlorenen Schaf und verlorenen Sohn zu beschreiben, was Jesus zum Ausdruck bringen möchte.

Verlorenes Schaf	Verlorener Sohn

Briefe

Schon im Alten Testament wurden Briefe geschrieben (Jer 29, 1–10).
Wichtig sind aber besonders die Briefe des Apostels Paulus.
Die meisten Briefe des Neuen Testamentes sind auf ähnliche Weise
verfasst worden.
Dies liegt daran, dass es damals ein besonderes Schema dafür gab.

☞ Überprüfe dieses Schema am Philemonbrief.

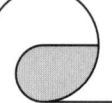

Hauptteile:	Aufgabe und Beispiele
Eröffnung und Einleitung des Briefes	Angabe des Absenders und Empfänger des Briefes (Jak 1, 1) Wunsch, dass es dem Empfänger gut gehe; Freude über einen Kontakt Paulus ergänzt auch einen Gruß mit Segensformel (Röm 1, 7) oder ein Gebet (Eph 1, 17) Dank an Gott und Lob des Empfängers (1. Kor 1, 4)
Hauptteil des Briefes	Bitte Information Mahnung (1. Kor 1, 10) Anweisung Empfehlung
Abschluss/Briefende	Besuchsabsicht (2. Kor 10, 10f.) Schlussgrüße Wünsche; Segenswunsch (2. Kor 13, 13)

Hintergrund des Philemonbriefes:

Onesimus ist ein entflohener Sklave des Philemon.
Entflohene Sklaven wurden verfolgt und hart bestraft.
Paulus sitzt im Jahre 53 vermutlich in Ephesus im Gefängnis.
Er schreibt den Brief an Philemon, der in Kolossä wohnt.
Dessen Sklave Onesimus hatte sich bei Paulus zum Christentum bekehrt.
Onesimus soll diesen Brief zu seinem Herrn bringen.

☞ Warum wurde der Philemonbrief wohl geschrieben?

☞ Einen Brief nach diesem Schema kannst du selbst schreiben.
   Suche dir einen Anlass und baue den Brief so auf.

Gebete

In der Bibel finden sich viele Gebete.
Das bekannteste Gebet ist das **Vaterunser (Mt 6, 8–15).**

☞ Tragt den vollständigen Wortlaut in die linke Spalte ein.

☞ Schreibt rechts einen Kommentar, was damit gemeint sein könnte.

☞ Vergleicht den Text mit der zweiten Fassung des Vaterunsers in Lk 11, 2–4.

Vater unser	
geheiligt ...	
Dein ...	
Dein ...	
wie ...	
Unser ...	
und ...	
wie ...	
Und ...	
sondern ...	

Spätere Abschriften der Evangelien fügten den abschließenden Lobspruch hinzu.
Er wurde in Anlehnung 1. Chr 29, 10–11 verfasst: „Dir gehört die Herrschaft und Macht und Herrlichkeit in Ewigkeit. Amen." Heute wird beim Vaterunser dieser Zusatz mitgesprochen.
Er findet sich auch, mit einem * versehen, in der Bibel.

Denn	
In	

Wegweiser

Die Bibel ist voll von Wegweisern, die Hilfe zur Orientierung geben.
Der bekannteste Wegweiser sind die **Zehn Gebote (2. Mose 20)**.
Sie werden unterschiedlich gezählt.

Erste Zahl = Zählung der Juden, der orthodoxen und reformierten Christen.
Zweite Zahl = Zählung der Lutheraner und Katholiken.

**1. / 1. Ich bin der Herr, dein Gott. Ich habe dich aus der Sklaverei in Ägypten befreit.
Du sollst keine anderen Götter haben neben mir.**
Viele Götter zu verehren heißt, sich von vielen Göttern abhängig zu machen, was damals auch eine kostspielige Sache war. Der Gott, der sich hier vorstellt, will keine Sklaverei mehr.

2. / 1. Du sollst dir kein Gottesbild machen.
Wer sich ein „Bild" von jemand macht, der versucht ihn einzuordnen, ihn in den Griff zu bekommen.

3. / 2. Du sollst den Namen Gottes nicht missbrauchen (= zum Unheil aussprechen).
Gott darf nicht zu eigensüchtigen Zwecken verwendet werden.
Gedacht war damals an einen falschen Eid oder an Zaubersprüche.

4. / 3. Du sollst den Sabbat-Tag heiligen.
Der Sabbat ist Ruhetag und Zeit, in der man sich Gott zuwenden kann.

5. / 4. Du sollst deinen Vater und deine Mutter ehren.
„Ehren" bedeutet hier die Fürsorge für die, die sich schwer selbst versorgen können. Angesprochen sind Erwachsene.

6. / 5. Du sollst nicht morden.
Es geht um den Mord, nicht das Töten im Krieg, bei Todesstrafe oder von Tieren.

7. / 6. Du sollst nicht ehebrechen.
Die Beziehung zwischen zwei Menschen steht unter einem besonderen Schutz.

8. / 7. Du sollst nicht (einen Menschen) stehlen.
Menschenraub, später auch jeder andere Diebstahl, wird untersagt.

9. / 8. Du sollst nicht gegen deinen Nächsten als Zeuge falsch aussagen.
Mit einer falschen Zeugenaussage konnte einer zum Tode verurteilt werden.

10. / 9. Du sollst nicht begehren deines Nächsten Haus.
Der Besitz des anderen soll vor dem Zugriff geschützt sein, wie ...

10. / 10. Du sollst nicht begehren deines Nächsten Frau, Knecht, Magd, Vieh oder alles, was sein ist.
... alles, was zu einem (Mann) gehört.

Zwei wichtige **Wegweiser Jesu** sind:

Mt 7, 12: Behandelt die Menschen so, wie ihr selbst von ihnen behandelt werden wollt –
das ist es, was das Gesetz und die Propheten fordern.

Lk 10, 27: Liebe den Herrn, deinen Gott, von ganzem Herzen,
mit ganzem Willen und mit aller deiner Kraft und deinem ganzen Verstand;
und: Liebe deinen Mitmenschen wie dich selbst.

☞ Vergleiche die Wegweiser miteinander.
Wo finden sich die Regeln Jesu auch in den Zehn Geboten wieder?

☞ Welche der Wegweiser leuchten dir im Blick auf das Leben heute ein, welche weniger?

Offenbarung – ein Buch mit „sieben Siegeln"

Am Schluss der Bibel findet sich wohl das seltsamste Buch – die Offenbarung des Johannes. Der Form nach sieht sie wie ein Brief aus, aber dafür ist sie zu lang. Gleich zu Beginn steht:

> Freuen darf sich, wer die prophetischen Worte in diesem Buch anderen vorliest,
> und freuen dürfen sich alle, die sie hören und beherzigen;
> denn die Zeit ist nahe, dass alles hier Angekündigte eintrifft.

Off 1, 3
aus: Gute Nachricht Bibel

☞ Auf welche Tradition bezieht sich der Schreiber der Offenbarung?

☞ Vergleiche die Texte vom Anfang (Schöpfungsgeschichte) und vom Ende der Bibel (Offenbarung) miteinander. Was fällt auf?

Im Anfang schuf Gott Himmel und Erde. Gott nannte das Licht Tag, die Finsternis nannte er Nacht. In der Mitte des Gartens war der Baum des Lebens. Ein Strom entspringt in Eden, der den Garten bewässert. Viel Mühsal bereite ich dir, zum Staub musst du zurück. Er vertrieb den Menschen und stellte östlich des Gartens die Kerubim auf, damit sie den Weg zum Baum des Lebens bewachten.	Dann sah ich einen neuen Himmel und eine neue Erde Es wird keine Nacht mehr geben. Denn der Herr, ihr Gott, wird über ihnen leuchten. Zwischen der Straße der Stadt und dem Strom stehen Bäume des Lebens. Und er zeigte mir einen Strom, das Wasser des Lebens. Der Tod wird nicht mehr sein: keine Trauer, keine Klage, keine Mühsal. Selig, wer sein Gewand wäscht: Er hat Anteil am Baum des Lebens, und er wird durch die Tore in die Stadt eintreten können.

Über viele Jahrhunderte war die Offenbarung ein wichtiges Buch, weil die Menschen an ein baldiges Ende der Welt glaubten, das mit Schrecken kommen wird. Bekannt ist deshalb das Motiv der „Apokalyptischen Reiter" in **Offenbarung 6**

☞ Lies Offenbarung 6 und schildere deinen Eindruck von dem Kapitel.

☞ Welche Elemente aus Offenbarung 6 erkennst du auf dem Holzschnitt aus dem Jahr 1485?

Botschaft der Bibel
Für eigene Notizen

Schöpfung	
Sünde	
Umkehr	
Hoffnung	
Verwandlung	
Wunder	
Glaube	
Liebe	
Gerechtigkeit	
Hingabe	
Vergebung	
Befreiung	
Begeisterung	
Miteinander	

Entdeckung: Botschaft der Bibel

Theologische Kernaussagen und Grundlinien in der Bibel, die als Botschaft der Bibel interpretiert werden können, werden hier dargestellt.
Einen Detailblick auf die Bibel soll der Umgang mit der Sammlung von Bibelstellen bieten, die mit Lebenssituationen in Dialog gebracht werden können.

Grundmotive der Bibel

Thema	Kurzbemerkungen	Schwie-rigkeit	Seite
Botschaft der Bibel	Hier werden folgende zentrale Botschaften der Bibel mit Hilfe von kurzen Erklärungen und anhand von Bibeltexten exemplarisch eingeführt: ⌨ **Schöpfung** ⌨ **Sünde** ⌨ **Hoffnung** ⌨ **Umkehr** ⌨ **Verwandlung** ⌨ **Wunder** ⌨ **Glauben** ⌨ **Liebe** ⌨ **Gerechtigkeit** ⌨ **Hingabe** ⌨ **Vergebung** ⌨ **Befreiung** ⌨ **Begeisterung** ⌨ **Miteinander** Die Aufarbeitung der Schwerpunkte kann **gruppenteilig** erfolgen. Die einzelnen Kernaussagen der Bibel können von Kleingruppen erarbeitet und vorgestellt werden. Das Blatt „Botschaft der Bibel – eigene Notizen" kann in der abschließenden Präsentationsphase zur eigenen Übersicht verwendet werden. Die Bausteine können auch bei Themen als „biblischer Baustein" im Rahmen von Unterrichtseinheiten der Sekundarstufe oder in Auswahl bei einer Einführung ins Thema „Bibel" eingesetzt werden.	⌨⌨⌨	92-105

Kreativideen zum Umgang mit Bibelstellen

Thema	Kurzbemerkungen	Schwierigkeit	Seite
Bibelsprüche – Kreativideen	Zentrale Sprüche aus der Bibel, die sich auch als Konfirmanden-, Trau- oder Leitspruch eignen, werden mit Hilfe von Kreativideen umgesetzt. Dabei kann man zur Auswahl und Präsentation mit Hilfe folgender Vorschläge umsetzen: ⌨ Bibel-Baum ⌨ Bibelspruch-Krabbelsack, ⌨ Geschenkte Bibel-Frucht	⌨	106-110
Bibelstellen für besondere Situationen	Ergänzend zu der Sammlung von Bibelsprüchen soll der Baustein motivieren, sich einen eigenen Lieblingsspruch herauszusuchen und die Sprüche nach ihrer Verwendbarkeit in bestimmten Situationen einzuordnen. Alternativ werden mit Hilfe von Bildern und beschriebenen Situationen Ereignisse vorgegeben, die dann den Bibelstellen zugeordnet werden können.	⌨	111-112

Schöpfung

Die Bibel sagt:
Leben ist ein Geschenk.
Gott hat die Welt erschaffen
und er erhält sie.

Kein Zufall,
sondern ein Wille
hat dazu geführt,
dass Leben besteht.

Aber die Schöpfung
muss bewahrt werden.
Dies ist der Auftrag
an den Menschen.

*Und Gott sah an alles,
was er gemacht hatte,
und siehe, es war sehr gut.*
(Gen 1, 31)

☞ Lesetipp:
Die Erschaffung der Welt: 1. Mose 1–2

☞ In der Schöpfungsgeschichte erhält der Mensch den Auftrag, die Erde zu „bebau-
en" und zu „bewahren". Das bedeutet ...

☞ Jahrhundertelang wurde Gottes Schöpfung wie oben dargestellt.
Heute würde man sie darstellen ...

📖 Weitere Bibeltexte: Ps 104; Off 21–22

Sünde

Die Bibel sagt:
Ohne Fehler – wer ist das schon?
Wer hat noch nicht
jemandem wehgetan oder
Regeln übertreten?

Mit dem Wort Sünde meint die Bibel:
Die Menschen leben nicht mehr
im Paradies.
Sie kennen den Unterschied
zwischen Gut und Böse.
Sie sind nicht immer in der Lage, nach
Gottes Willen zu leben,
der Friede und Gerechtigkeit
für seine Schöpfung will.

Wer unter euch
ohne Sünde ist,
der werfe
den ersten Stein
auf sie.
(Joh 8, 7)

☞ Lesetipp: Paradiesgeschichte (Gen 3).

☞ Das Wort „Sünde" drückt aus ...

☞ Ein „paradiesischer Zustand" wäre ...

📖 Weitere Bibeltexte: Joh 8; Gen 11

Hoffnung

Die Bibel sagt:
Gott wird immer da sein.
Eine gute Zukunft liegt vor uns,
in der es Friede
und Gerechtigkeit gibt.

Der Tod wird in dieser Zukunft
keine Macht mehr haben.
Das wird uns durch
Jesu Auferstehung deutlich.

Worte und Taten
von Propheten und Jesus
lassen heute schon spüren,
dass die Zukunft der Welt
im Anbruch ist.

☞ Lesetipp: Jes 11

*Das Gras verdorrt,
die Blume verwelkt,
aber das Wort des Herrn
bleibt ewiglich.
Jes 40, 8*

☞ Eine Welt, in der Friede und Gerechtigkeit herrschen ...

☞ Leben, in dem der Tod keine Macht mehr hat, das heißt ...

📖 Weitere Bibeltexte: Gen 9; Mt 22, 23 ff.

Umkehr

Die Bibel sagt:
Manchmal stecken wir
in einer Sackgasse.
Man merkt dann erst spät,
dass man in eine
falsche Richtung gelaufen ist.

Umkehr ist aber immer möglich.
Auch Vergebung, wenn man
etwas Unrechtes getan hat.

Hilfe geben auch Regeln,
die Gott auf den Weg gibt.
Die Gebote sind Wegweiser
für einen Richtungswechsel.

☞ Lesetipp: Buch Jona

Schaffe in mir, Gott,
ein reines Herz,
und gib mir einen neuen,
beständigen Geist.
Ps 51, 12

☞ Sackgassen, in die Menschen hineingeraten können, sind ...

☞ Gebote können einem bei der Umkehr helfen, wenn ...

📖 Weitere Bibeltexte: Amos 4–5; Lk 19

Verwandlung

Die Bibel sagt:
Nichts ist festgefahren.
Alles kann sich ändern.

Noch so auswegslose Situationen
können aufgebrochen werden.
Erste können Letzte und
Erniedrigte können
erhöht werden.

Auf menschliche Rangordnungen
kann man sich nicht verlassen.
Es sind gerade
die Kleinen und Ausgestoßenen,
die Kranken und Unterdrückten,
die unter Gottes Schutz stehen.

So werden
die Letzten
die Ersten
und die Ersten
die Letzten
sein.
Mt 20, 16

☞ Lesetipp: Seligpreisungen (Mt 5)

☞ Das Bild zeigt, dass neben den Schwachen und Kranken auch Kinder für Jesus besonders wichtig waren. An ihrem Glauben soll man sich ein Vorbild nehmen. Warum eigentlich?

☞ Erste werden Letzte und Letzte werden Erste sein, das heißt ...

📖 Weitere Bibeltexte: Gen 37–40

Wunder

Die Bibel berichtet
immer wieder von
wunderbaren Ereignissen.

Sie sagt:
Gott will durch Wunder
Zeichen setzen
gegen Unterdrückung,
Krankheit und Not.

Wunder sollen zeigen,
dass eine gute Zukunft
kommen wird.

☞ Lesetipp: Bartimäus (Mk 10)

Ich aber würde mich
zu Gott wenden
und meine Sache
vor ihn bringen,
der große Dinge tut,
die nicht
zu erforschen sind,
und Wunder,
die nicht zu zählen sind.
Hi 5, 8-9

☞ Nenne Beispiele für Ereignisse, die bei uns als „Wunder" bezeichnet werden.
Warum ist das so?

☞ Welche Probleme kann es geben, wenn man sich von Gott Wunder wünscht und
diese nicht eintreten?

📖 Weitere Bibeltexte: Daniel 6; Mt 12

Glaube

Die Bibel sagt:
Man darf Vertrauen haben
auf den, der die Welt geschaffen hat
und zusammenhält.
Das meint Glaube.

Glauben heißt,
sich aus der Gefangenschaft
in seiner eigenen Welt zu lösen
und nach vorne zu schauen.

Vertrauen auf Gott
kann Mut machen,
sich Gefahren entgegenzustellen,
denen man sich sonst
nicht gewachsen sieht.

*Der Gerechte
wird aus Glauben
leben.
Hab 2, 4*

☞ Lesetipp: David und Goliath (1. Sam 17)

☞ „Glauben heißt nicht wissen", so heißt heute ein Spruch. Er meint ...

☞ Wie kann Glaube und Vertrauen Mut machen?

📖 Weitere Bibeltexte: Gen 15, 6; Mt 8, 5–13; Röm 1

Liebe

Die Bibel sagt:
Wahre Liebe umfasst alles,
Gott, den Nächsten, sich selbst.

Gott stiftet Liebe,
er schafft Menschen als Paar,
und geht einen Bund ein.
Er ruft zu einem guten Miteinander
und will eine Zukunft,
die von Friede
und Gerechtigkeit
geprägt ist.

Jetzt schon wird göttlicher Friede gelebt,
wo Fremde und Feinde
zu Nächsten werden.

☞ Lesetipp: Der barmherzige Samariter (Lk 10)

*Gott ist die Liebe;
und wer
in der Liebe bleibt,
der bleibt in Gott
und Gott in ihm.
1. Joh 4, 16*

☞ Gott, den Nächsten und sich selbst lieben –
Was ist aber, wenn eines dieser drei wegfällt?

☞ Fremde oder sogar Feinde zu lieben ...

📖 Weitere Bibeltexte: Lev 19; 1. Joh 4

Gerechtigkeit

Die Bibel sagt:
Wir müssen Verantwortung
für das eigene Tun übernehmen.
Am Ende ist nicht alles egal.

Gott trifft eigenständig
sein Urteil über alles in der Welt.

Aber Gottes Gerechtigkeit,
ist anders.
Er will keine Rache.
Er liebt seine Geschöpfe
und vergibt auch.

☞ Lesetipp: Mt 20, 1–16

☞ Gerechtigkeit und Gericht hängen in der Bibel oft
zusammen. Aber von Gerichtsankündigungen, wie
das Bild zeigt (Apokalyptischer Reiter, Offb 6),
wird heute ungern gesprochen und gepredigt.
Kannst du dir vorstellen, warum?

Lobe den Herrn, meine Seele,
und vergiss nicht,
was er dir Gutes getan hat:
der dir alle deine Sünden vergibt
und heilet alle deine Gebrechen,
der dein Leben vom Verderben
erlöst,
der dich krönet
mit Gnade und Barmherzigkeit.
Ps 103, 2-4

☞ „Menschliche Gerechtigkeit" und „göttliche Gerechtigkeit" unterscheiden sich ...

📖 Weitere Bibeltexte: Jes 24; Mt 25, 31–46

Hingabe

Die Bibel sagt:
Keiner lebt für sich allein.
Alles ist miteinander verbunden,
ein Geben und Nehmen.
Ein Leben auf Kosten anderer
geht nicht lange gut.

Leben ist auch Hingabe
an Mitmenschen
oder an eine Aufgabe.

Christen glauben:
Jesus hat sich hingegeben
und ist gestorben,
um uns die Augen
für Gottes Liebe zu öffnen.

☞ Lesetipp: Sterben und Auferstehung Jesu (Lk 22–24).

*Einer trage
des anderen Last.
So werdet ihr
das Gesetz Christi
erfüllen.
Gal 6, 2*

☞ „Leben auf Kosten anderer geht nicht lange gut?" – meine Erfahrungen sind ...

☞ Was kann es heißen, wenn einer die „Last des anderen" tragen soll?

📖 Weitere Bibeltexte: Jes 53; Gal 6, 2

Vergebung

Die Bibel sagt:
Gott will Versöhnung,
wo es nicht mehr weitergeht.

Auch der Zorn Gottes
hat seine Grenzen
und steht unter dem Vorzeichen
der Liebe und der Vergebung.

So will er, dass auch
Menschen sich vergeben.

Denn ich bin gewiss,
dass weder Tod noch Leben,
weder Hohes noch Tiefes
noch eine andere Kreatur uns
scheiden kann
von der Liebe Gottes,
die in Christus Jesus ist,
unserem Herrn.
Röm 8, 38–39

☞ Lesetipp: Lk 15

☞ Wenn es keine Versöhnung und Vergebung
gibt ...

☞ Wenn Vergebung und Versöhnung überbetont werden ...

📖 Weitere Bibeltexte: Gen 6–8; Röm 8, 31ff.

Befreiung

Die Bibel sagt:
Gott will keine Sklaverei.
Er will keine
Ausbeutung von Menschen oder
Abhängigkeit von Götzen.

Freiheit heißt aber,
selbst verantwortlich zu sein.

So hat man es auch
selbst in der Hand,
auf Gottes Rat einzugehen,
an ihn zu glauben und
ihm zu antworten.

☞ Lesetipp: 2. Mose 14–15.

*Zur Freiheit
hat uns Christus befreit.
So steht nun fest
und lasst euch nicht wieder
das Joch der Knechtschaft
auflegen.
Gal 5, 1*

☞ Man unterscheidet zwischen „Freiheit von etwas" und einer „Freiheit zu etwas".
Was gehört wozu?

☞ Unter „Freiheit" verstehe ich ...

📖 Weitere Bibeltexte: Jes 43; Gal 5

Begeisterung

Die Bibel sagt:
Es gibt einen Draht
zwischen Menschen und Gott.

Gott ist durch seinen Geist
gegenwärtig.
Er will be-geistern.

Durch einen verbindenden Geist
wird Gemeinschaft erst möglich.
So schafft Gott
eine Verbindung zwischen den
Menschen.

Auch alle Begabungen sind
Gaben des einen Geistes.

☞ Lesetipp: Pfingsten (Apg 2)

*Es sind verschiedene Gaben,
aber es ist ein Geist.*
1. Kor 12, 4

☞ Was kann dich alles be-geistern?

☞ Unterschiedliche Begabungen unter den Menschen machen Sinn, weil ...

📖 Weitere Bibeltexte: Ez 43; Phil 2,5ff.

Miteinander

Die Bibel sagt:
Gott stiftet von Anbeginn
Gemeinschaft.
Er schafft sich ein Gegenüber.
Er schafft den Menschen
als Mann und Frau.

Immer wieder ruft er dazu auf,
ihm nachzufolgen
und den Bund mit ihm
nicht zu brechen.

Wie ein Leib
sollen alle Glieder
einer Gemeinschaft
mit ihm sein.

☞ Lesetipp: 1. Kor 12–13

☞ Ein Leib und viele Glieder, das meint ...

Es ist nicht gut,
dass der Mensch
alleine sei.
Gen 2, 18

☞ Ein gelungenes Miteinander unter Menschen stelle ich mir vor ...

▱ Weitere Bibeltexte: Mt 5, 13f.; Röm 12

Bibelsprüche – Kreativideen

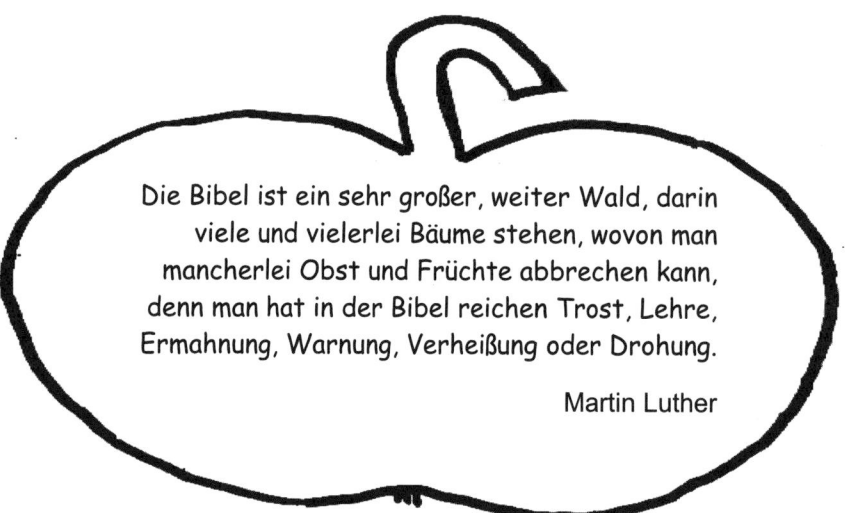

Die Bibel ist ein sehr großer, weiter Wald, darin viele und vielerlei Bäume stehen, wovon man mancherlei Obst und Früchte abbrechen kann, denn man hat in der Bibel reichen Trost, Lehre, Ermahnung, Warnung, Verheißung oder Drohung.

Martin Luther

Die Bibel ist voller Geschichten und Sprüche, die Menschen in ihrem Leben weiterhelfen können. Hier findest du eine Auswahl von Sprüchen, die nach Martin Luther wie Früchte an einem Baum sind.

☞ Suche dir die drei Sprüche heraus, die dir am besten gefallen.

☞ Zu welchen Lebenssituationen könnten diese Sprüche besonders gut passen?

Ihr könnt Folgendes mit den Bibelsprüchen in der Gruppe machen:

☞ **Bibel-Baum.**
Jeder schreibt einen Spruch auf eine Frucht.
An die Tafel oder auf eine Tapetenrolle wird ein Baum gemalt. Es kann auch ein großer Ast verwendet werden. Daran kann man die Bibel-Früchte hängen (Bild).

☞ **Bibelspruch-Krabbelsack.**
Jeder schreibt einen Vers auf ein Blatt und wirft es in den Krabbelsack. Dann zieht jeder je einen Bibelspruch aus dem Krabbelsack und stellt ihn der Gruppe vor.

☞ **Ich schenk dir einen Bibelspruch.**
Bibelsprüche kann man auch direkt verschenken. Überlegt euch, welchen Spruch ihr einem aus der Gruppe oder aus dem Bekanntenkreis schenken wollt, und gestaltet eine schöne Karte, vielleicht sogar mit einem passenden Bild zum Bibelvers.

Bibelsprüche

Der Herr segne dich und behüte dich. 4. Mose 6, 24	Was ist der Mensch, dass du seiner gedenkst? Ps 8, 5
Der Herr hebe sein Angesicht auf dich und gebe dir Frieden. 4. Mose 6, 26	Nehmt einander an, wie Christus euch angenommen hat. Röm 15, 7
Man muss Gott mehr gehorchen als den Menschen. Apg 5, 29	Und ob ich schon wanderte im finsteren Tal, fürchte ich kein Unglück; denn du bist bei mir, dein Stecken und Stab trösten mich. Ps 23, 3
Geben ist seliger als nehmen. Apg 20, 35	Der Herr ist mein Hirte, mir wird nichts mangeln. Ps 23, 1
Vor allen Dingen ergreift den Schild des Glaubens, mit dem ihr auslöschen könnt die feurigen Pfeile des Bösen. Eph 6, 16	In meiner Angst suche ich den Herrn; nachts strecke ich meine Hand nach ihm aus; Trost von Menschen kann mir nicht helfen. Ps 77, 3
Einer trage des anderen Last, so werdet ihr das Gesetz Christi erfüllen. Gal 6, 2	Alles hat seine Zeit und alles Vorhaben unter dem Himmel hat seine Stunde. Pred 3, 1
Fürchte dich nicht, denn ich habe dich erlöst; ich habe dich bei deinem Namen gerufen, du bist mein. Jes 43, 1	Alle eure Sorge werft auf ihn; denn er sorgt für euch. 1. Petr 5, 7
Ich bin das Licht der Welt. Wer mir nachfolgt, der wird nicht in der Finsternis wandeln, sondern das Licht des Lebens haben. Joh 8, 12	Ich will die Müden erquicken und die Verschmachtenden sättigen. Jer 31, 25

Selig sind, die das Wort Gottes hören und bewahren. Lk 11, 28	Sei nun wieder zufrieden, meine Seele; denn der Herr tut dir Gutes. Ps 116, 7
Seid barmherzig, wie auch euer Vater barmherzig ist. Lk 6, 36	Dient einander, ein jeder mit der Gabe, die er empfangen hat. 1. Petr. 4, 10
Was ihr einem von meinen geringsten Brüdern getan habt, das habt ihr mir getan. Mt 25, 40	Lehre uns bedenken, dass wir sterben müssen, auf dass wir klug werden. Ps 90, 12
Ihr seid das Salz der Erde. Mt 5, 13	Alle eure Dinge lasst mit Liebe geschehen. 1. Kor 16,14
Gott hat uns nicht gegeben den Geist der Furcht, sondern der Kraft und der Liebe und der Besonnenheit. Tim 1, 7	So werden die Letzten die Ersten und die Ersten die Letzten sein. Mt 20, 16
Lasst euer Licht leuchten vor den Leuten, damit sie eure guten Werke sehen und euren Vater im Himmel preisen. Mt 5, 16	Selig sind, die da hungern und dürsten nach Gerechtigkeit, denn sie sollen satt werden. Mt 5, 6
Selig sind, die da Leid tragen, denn sie sollen getröstet werden. Mt 5, 4	Befiehl dem Herrn deine Wege und hoffe auf ihn, er wird es wohl machen. Ps 37, 5
Selig sind die Barmherzigen, denn sie werden Barmherzigkeit erlangen. Mt 5, 7	Wir haben einen Gott, der hilft. Ps 68, 21

Selig sind die Frieden stiften, denn sie sollen Gottes Kinder heißen. Mt 5, 9	Kommt her zu mir, die ihr mühselig und beladen seid, ich will euch erquicken. Mt 11, 28
Verurteilt nicht, dass auch ihr nicht verurteilt werdet. Mt 7, 1	Selig sind, die Gottes Wort hören und bewahren. Lk 11, 28
Bittet, so wird euch gegeben; sucht, so werdet ihr finden; klopft, so wird euch aufgetan. Mt 7, 7	Der Herr ist allen nahe, die ihn anrufen. Ps 145, 18
Lobe den Herrn, meine Seele, und vergiss nicht, was er dir Gutes getan hat. Ps 103, 2	Wer sich des Armen erbarmt, der ehrt Gott. Spr 14, 31
Danket dem Herrn, denn er ist freundlich, und seine Güte währet ewiglich. Ps 107, 1	Die Starken bedürfen des Arztes nicht, sondern die Kranken. Mt 9, 12
Der Herr schützt alle, die sich nicht helfen können. Ps 116, 6	Es gibt in der Welt nichts, was uns von Gottes Liebe trennen kann. Röm 8, 39
Meine Hilfe kommt vom Herrn, der Himmel und Erde gemacht hat. Ps 121, 2	Wo zwei oder drei in meinem Namen versammelt sind, da bin ich mitten unter ihnen. Mt 18, 20
Der Herr behüte deinen Ausgang und Eingang. Ps 121, 8	Lernt Gutes tun. Trachtet nach Recht und helft den Unterdrückten. Jes 1, 17

Gott ist mein Fels, meine Hilfe und mein Schutz, dass ich nicht falle. Ps 62, 7	Des Menschen Herz erdenkt sich seinen Weg, aber der Herr allein lenkt seinen Schritt. Spr 16, 9
Lasst uns lieben, denn er hat uns zuerst geliebt. 1. Joh 4, 19	So spricht der Herr: Fürchte dich nicht, denn ich habe dich erlöst; ich habe dich bei deinem Namen gerufen; du bist mein. Jes 43, 1
Denn wo zwei oder drei in meinem Namen versammelt sind, da bin ich mitten unter ihnen. Mt 18, 20	Daran wird jeder erkennen, dass ihr meine Jünger seid, wenn ihr Liebe untereinander habt. Joh 13, 35
Wer von euch ohne Sünde ist, der werfe den ersten Stein auf sie. Joh 8, 7	Alles nun, was ihr wollt, das euch die Leute tun, das tut ihnen auch. Mt 7, 12
Ich rufe zu Gott und schreie um Hilfe Zu Gott rufe ich und er erhört mich. Ps 77, 2	Ein Geduldiger ist besser als ein Starker. Spr 16, 32
Ich aber, Herr, hoffe auf dich und spreche: Du bist mein Gott. Meine Zeit steht in deinen Händen. Ps 31, 15–16	Gott legt uns eine Last auf, aber er hilft uns auch. Wir haben einen Gott, der da hilft, und den Herrn, der vom Tode errettet. Ps 68, 20–21
Gott ist unsere Zuversicht und Stärke, eine Hilfe in den großen Nöten, die uns getroffen haben. Ps 46, 2	Ich bin ein Gast auf Erden. Ps 119, 19

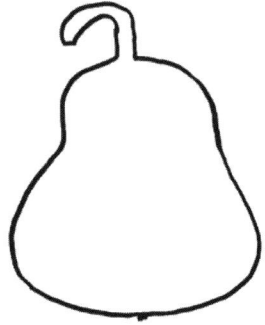

Bibelstellen für besondere Situationen

☞ Suche aus der Auswahl von Bibelsprüchen solche heraus, die du besonders geeignet findest, wenn jemand „gut drauf" ist, aber auch solche, die sich eignen, wenn es jemandem schlecht geht.

☺	☹

Mein persönlicher Lieblingsspruch ist ...

Bibelstellen für besondere Situationen

Menschen, die trauern		Menschen auf der Suche nach Freunden	
Menschen, die unterdrückt werden		Menschen im Stress	
Menschen, die vor Glück abheben		Menschen, die Lebensfragen haben	
Menschen, denen die Welt als Last erscheint		Menschen, die gerade gesiegt haben	
Menschen, die Grenzen überwinden wollen		Menschen, die glauben, dass ihre Zeit zu Ende geht	
Menschen, die glauben, dass sie keiner versteht		Menschen, die einen Plan haben wollen	
Menschen, die etwas verstehen wollen		Menschen, die gerne wissen, wo es langgeht	
Menschen, die unter Druck stehen		Menschen, die niedergeschlagen sind	
Menschen, die nach Gott suchen		Menschen, die gerne etwas Neues hören	
Menschen, die verliebt sind		Menschen, die glauben, dass sie weniger wert sind als andere	

Entdeckungen: Der lange Weg der Bibel

Diese Entdeckungen führen in den Traditionsprozess, die Geschichte und in die Sprachen der Bibel ein. So soll der Weg vom Erleben über das Erzählen, Schreiben, Sammeln, Tradieren, Kanonisieren bis hin zu aktuellen Bibelübersetzungsprojekten nachvollzogen werden.

Bausteine:

Thema	Kurzbemerkungen	Schwierigkeit	Seite
Der lange Weg der Bibel – Zeitleiste	Die Karten mit den wichtigsten Eckdaten zur Traditierung der Bibel können zur eigenen Orientierung oder als Wandplakat zur Orientierung einer Lerngruppe verwendet werden.	▱	115
Findige Leute	Anhand der wichtigsten Funde früher biblischer Schriftzeugnisse wird in die Geschichte der Bibel und in die Bedeutung der Archäologie als Auslegungshilfe für biblische Texte eingeführt.	▱▱	116f.
Vom Erlebnis zur Bibel	Der Informationstext lässt grob nachvollziehen, wie der Weg vom Erleben bis hin zum heute bekannten Kanon der Bibel vor sich ging.	▱▱	118f.
Sprachen der Bibel – ein Überblick	Die Kurzinformationen geben einen Überblick über die Ursprachen und Übersetzungen der Bibel.	▱▱▱	120
Vom Schreiben in früherer Zeit	Die Grundinformationen über das Schreiben in der Antike sollen Einblick geben, wie biblische Erzählungen in den Anfängen niedergeschrieben wurden.	▱▱	121
Erfindung des Alphabets	Voraussetzung einer Verschriftlichung der Bibel war ein Alphabet. Der Text informiert über Grundtypen früher Alphabete und macht deutlich, dass viele unserer Buchstaben aus den hebräischen Schriftzeichen hervorgingen.	▱▱▱	122
Hebräisch und Griechisch	Eine Tabelle führt in die Grundregeln und Besonderheiten der hebräischen und griechischen Sprache, die Arbeitsblätter in das Lesen und Schreiben ein.	▱	123-125
Die hebräische Bibel	Die Informationen über die hebräische Bibel geben einen Überblick über den Überlieferungsprozess der Tora in jüdischer Tradition.	▱▱	126
Auf dem Weg zum Kanon der Bibel	Der Text stellt die Anfänge des biblischen Kanons vor und beschreibt die Schwierigkeit, in den ersten Jahrhunderten zur bindenden Heiligen Schrift zu kommen.	▱▱▱	127
Die ersten Bibelübersetzungen	Hieronymus fertigte mit seiner Vulgata die erste große Bibelübersetzung an, die bis heute Grundlage der römisch-katholischen Bibel ist. Die Ulfilas-Bibel war die erste germanische Übersetzung. Das Vaterunser ermöglicht, den Klang dieser Sprache nachzuempfinden und einzelne Teile zu verstehen.	▱▱▱	128
Bibel im Mittelalter: Schreibstube	Hier wird sowohl in die Grundlagen der mittelalterlichen Tradierung der Bibel als auch in die Situation des Schreibens in früher Zeit eingeführt.	▱▱	129
Bibel-Handschriften im Mittelalter	Wie eine Bibel-Handschrift angefertigt wurde, zeigen die Informationen über das Handwerkszeug der Bibelschreiber im Mittelalter. Außerdem kann man selbst einmal versuchen, in der Schreibschrift von damals, der „Karolingischen Minuskel", einen biblischen Satz zu schreiben.	▱▱	130
Armenbibel	Armenbibeln waren gebräuchliche „Lernbibeln" der Zeit vor der Reformation für die „Armen im Geiste". Mit Hilfe eines Holzschnitts und einer Bildfolge wurden biblische Geschichten mit Hilfe anderer ausgelegt.	▱▱▱	131
Johannes Gutenberg verändert die Welt	Johannes Gutenberg führt in Form eines Rückblicks hier selbst in sein Werk ein. Lernende können miteinander klären, warum man Gutenberg zum wichtigsten Mann des Jahrtausends wählte.	▱	132
Frühzeit des Buchdrucks	Um das Arbeiten von Gutenberg und der ersten Bibeldrucker nachvollziehen zu können, verschafft das Arbeitsblatt einen Überblick über die Berufe rund um den Buchdruck.	▱	133
Die ersten deutschen Bibeln	Mit Hilfe eines Holzschnitts wird in die ersten deutschsprachigen Bibeln, die zwischen 1466 und 1522 erschienen, eingeführt.	▱▱▱	134
Entdeckung in der Bibel	Luthers Entdeckung vom gerechten und gnädigen Gott in der Bibel führte zur reformatorischen Einsicht, dass allein die Schrift uns bei der Suche nach Gottes Willen helfen kann.	▱	135
Luthers Bibelübersetzung	Der Charakter von Luthers Bibelübersetzung wird durch ein Lutherzitat aus seinem „Sendbrief vom Dolmetschen" eingeführt.	▱▱	136

Regeln für die Übersetzung	... und durch konkrete Übersetzungsregeln anhand von einem Textbeispiel beleuchtet.	📖📖	137
Luthers Bibelübersetzung	Das Lückenrätsel fasst die reformatorische Entdeckung der Bibel nochmals für Zwecke der Wiederholung zusammen.	📖	138
Psalm 23 – einmal anders	Die Leseprobe lässt den Fortschritt der Bibelübersetzung Luthers gegenüber der ersten gedruckten Bibel von 1466 deutlich werden und fördert die Lesekompetenz, indem man das Lesen alter Schrifttypen übt.	📖📖	139
Neue Bibeln der Reformationszeit	Der Text verschafft einen Überblick über die reformatorischen Bibelübersetzungen in Europa.	📖📖📖	140
Katholische Bibeln in der Volkssprache?	Bis ins 20. Jh. hinein wurden Bibeln in der Volkssprache von offiziell-katholischer Seite abgelehnt. Der Text führt in die Entscheidung des Konzils von Trient und dessen Folgen ein.	📖📖	141
Die Bibel unters Volk gebracht	1710 entstand die erste „Bibelanstalt", durch die Bibeln preiswert und damit als Lesebibel unter den Menschen verbreitet wurde. Hintergrund war der missionarische Gedanke, dass Gott selbst durch die Bibel zu den Menschen sprechen soll.	📖📖	142
Streit um die Bibel: Aufklärung und Pietismus	Der Streit um die Bibel zwischen Pietismus und Aufklärung dauert in der Frage, welche Rolle die „Bibelkritik" spielt, an. Hier wird in die beiden zeitgeschichtlichen Strömungen und deren Grundfragen eingeführt.	📖📖📖	143
Die Bibel für die Völker	Bibel für alle – das Schlagwort wurde im 19. Jh. sowohl im eigenen Land als auch im Ausland umgesetzt. Das Material führt in die Arbeit der Bibelgesellschaften und der Missionare im 19. Jh. ein.	📖📖	144
Übersetzung in Sprachen weltweit	Die Arbeit der Bibelübersetzer ist geprägt durch das Verstehen der Kulturen und Sprachen. Anhand des Beispiels werden Probleme der Lebenswelt, die zu Sprachproblemen führen, deutlich.	📖📖	145
Bibel heute: Bibel in gerechter Sprache	Beispiel für eine aktuelle Bibelübersetzung ist die „Bibel in gerechter Sprache". Sie ist geprägt durch besondere Kriterien, die man für die Textübertragung gewählt hat.	📖📖📖	146
Bibel heute: BasisB	Das Sprachempfinden der Menschen heute liegt der BasisB besonders am Herzen. Das Projekt der Deutschen Bibelgesellschaft bietet eine Handbibel, eine CD-Rom und ein Online-Portal. Zusätzliche Informationen über beide Projekte können über das Internet bezogen und diskutiert werden.	📖📖	147
Der lange Weg der Bibel – Spielkarten	Anhand von Spielkarten wird abschließend der lange Weg der Bibel auszugsweise wiederholt.	📖	148f.

Der lange Weg der Bibel: Zeitleiste

Moses um 1300 vor Christus	Prophet Jeremia um 700 vor Christus	Matthäusevangelium um 80 nach Christus
Josua und die Einnahme des Landes Israel um 1200 vor Christus	Babylonische Gefangenschaft 587–538 vor Christus	Johannesevangelium um 90 nach Christus
König David um 1000 vor Christus	Esther um 400 vor Christus	Itala – erste lateinische Bibelübersetzung um 150 nach Christus
Prophet Amos um 750 vor Christus	Paulus um 40–60 nach Christus	Hieronymus, Übersetzer der lateinischen Bibel um 400 nach Christus
Abraham, Isaak, Jakob zwischen 2200 und 1400 vor Christus	Prophet Elia um 850 vor Christus	Markusevangelium um 70 nach Christus
König Salomo um 950 vor Christus	Jesus um 4 vor bis um 33 nach Christus	Fertigstellung des Kanons der Bibel (Inhalt der Bibel) um 380 nach Christus
Ulfilas Bibel, Übersetzung ins Gotische um 400 nach Christus	Festlegung, wie Bibeln in Klöstern abgeschrieben werden sollten: um 800 nach Christus	Wenzelsbibel, eine der schönsten Bibelhandschriften um 1390 nach Christus
Gutenbergbibel 1455 nach Christus	Luthers Neues Testament 1522 nach Christus	Erste Bibel mit Verszählung des Robert Estiènne in Genf 1551 nach Christus
Erste Kapitelzählung der Bibel durch Stephan Langdon um 1200 nach Christus	Erste deutschsprachige Bibel des Johannes Mentelin in Straßburg 1466 nach Christus	Erste vollständige Bibel der Reformationszeit des Huldrych Zwingli 1530 nach Christus
Das älteste uns erhaltene Schriftstück aus dem Alten Testament um 220 vor Christus	Das älteste erhaltene Schriftstück aus dem Neuen Testament um 125 nach Christus	Mohammed und die Entstehung des Islam um 630 nach Christus
Entstehung der Welt Am Anfang ...	Erste Bibelgesellschaft ermöglicht preiswerte Bibeln 1710 nach Christus	Missionsreisen des Paulus um 50 nach Christus
2006 Die Bibel in ca. 2400 Sprachen	Kreuzzüge ins Land der Bibel um 1100 nach Christus	Christentum wird Staatsreligion im Römischen Reich 390 nach Christus

DinA3

☞ Bring die Texte zeitlich in die richtige Reihenfolge.
Achte auf „vor" und „nach Christus".

☞ Ihr könnt mit einer Tapetenrolle auch eine große Zeitleiste entwerfen.

Findige Leute
Schriftensucher und Bibelarchäologen

Wer heute eine Bibel zur Hand nimmt, der kann sich darauf verlassen, dass der Text nahe an dem dran ist, was vor zwei Jahrtausenden aufgeschrieben wurde.
Zu verdanken haben wir dies findigen Leuten.

Tischendorf und der Codex Sinaiticus – der Fund im Wüstenkloster

Der junge Leipziger Theologe Konstantin von Tischendorf lebte in einer Zeit, in der man bezweifelte, ob die Texte der Bibel nicht viel zu weit vom Urtext entfernt sind. So wollte er Schriften finden, die möglichst nahe an den Urtext herankommen. 1844 reiste er zum Katharinenkloster am Sinai, das um 530 errichtet wurde. Nach langer Suche fand er unter Abfällen große Pergamentblätter aus der Bibel, die im 4. Jahrhundert geschrieben wurden. Tischendorf wusste sofort, dass er Teile der bisher ältesten bekannten Handschriften gefunden hatte. Er nahm 43 Blätter mit nach Leipzig. Bei einem zweiten Besuch waren die restlichen Schriftrollen unauffindbar. Bei einer dritten Reise im Jahr 1859 suchte er zunächst wieder vergeblich, bis ihn ein Mönch in seine Zelle bat. Dort zeigte er ihm die fehlenden Seiten.

Der Codex Sinaiticus enthält fast das ganze Alte und Neue Testament. Heute befinden sich Teile der Handschrift in London, Leipzig und Petersburg. Mit diesem Fund konnte Tischendorf zeigen, dass unsere heutigen Übersetzungen nahe am Urtext sind und dass die Bibel also kaum verändert wurde.

Der Hirtenjunge und die Schriftrollen vom Toten Meer

Es war 1947, als ein junger Beduine einem verirrten Tier nachkletterte. In einer Felshöhle fand er Lederrollen.
Er dachte nicht im Traum daran, dass dieses alte Leder von großem Wert sei. So verkaufte er es für wenig Geld.

Jahre später lebte er als Ladenbesitzer in der Altstadt von Bethlehem, klagend, weil er die Chance seines Lebens nicht erkannt hat.
Diese Schriftrollen, unter anderem die große Jesaja-Rolle, stammten nämlich aus der Zeit um 200 vor Christus. Der Text ist fast derselbe, den wir heute im Buch Jesaja finden. Dies zeigt, wie genau man in den 2000 Jahren die Bibel überliefert hat.

P 52 – Ein Papyrusschnipsel des Johannesevangeliums aus dem Jahr 125

Ein 9 x 6 cm kleines Papyrusstück mit dem unspektakuläreren Namen **P 52** ist das älteste uns bekannte Zeugnis des Neuen Testaments. Der Papyrus enthält sieben Zeilen aus Joh 18 und stammt aus einem Codex, einem Buch, dessen Blattgröße wohl 22 x 18 cm war. Der Codex ist wohl um das Jahr 125 entstanden und zeigt, wie schnell sich das Johannesevangelium verbreitet hat. Für Forscher, die sich fragten, wie alt die Evangelien sind, wurde durch den Fund klar, dass man Johannes nicht zu spät datieren durfte.

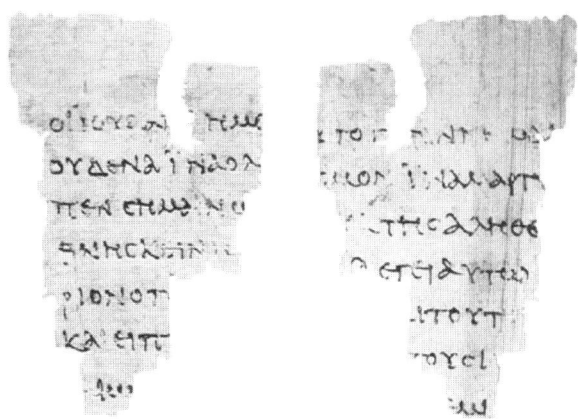

Gefunden wurde P 52 in Ägypten.
Ein englischer Papyrusforscher erwarb um 1920 einige Papyrusfragmente. Als diese Sammlung 1935 ausgewertet wurde, entdeckte man das Alter und den Wert des Schriftstücks. Die Handschrift liegt heute in Manchester.

Bibelarchäologie – Suche nach Hinweisen auf das Leben in biblischer Zeit

Archäologensuchen nach Hinweisen, die zeigen, wie Menschen früher gelebt haben. Manchmal gibt es aber auch Hinweise, die Auskunft geben über Personen oder Ereignisse aus der Bibel.
Hier zwei Beispiele:

- Die erste Erwähnung Israels findet sich auf einer Stele des Pharaos Merenptah, der um 1210 vor Christus einen Sieg beschreibt: „Israel ist zerschmettert".

- In der Stadt Caesarea fand man 1961 eine Inschrift mit dem Namen des römischen Statthalters in Judäa, Pontius Pilatus (Bild).

☞ Was können Archäologen für das Verständnis der biblischen Texte leisten? Wo liegen Grenzen der Bibelarchäologie?

Vom Erlebnis zur Bibel

Erlebnisse

Abraham verlässt sein sicheres Leben in der Stadt Ur,
weil Gott ihm den Auftrag gegeben hat, in das Land
Kanaan zu ziehen.
Die Israeliten werden aus der Sklaverei in Ägypten
durch wunderbare Ereignisse gerettet.
Ein kleiner Junge siegt gegen einen übermächtigen
Soldaten der Philister, allein mit einer Schleuder.
Propheten stehen gegen Ungerechtigkeit im Namen
Gottes auf.
Jesus zieht durch das Land, erzählt von Gott, heilt
Kranke und kümmert sich um die, die von anderen
ausgestoßen wurden.

Erzählen

Biblische Geschichten werden weitererzählt –
abends am Feuer, oder am Tag, wenn Frauen an den
Mühlsteinen stundenlang Mehl malen mussten.
Man erzählt sie von Generation zu Generation weiter.

Was erzählt wurde ...

... hatte mit dem Leben und dem Selbstverständnis
der Menschen von damals zu tun.
Abraham und Sara waren die Ureltern der Israeliten,
die man ehrte.
Moses war der Befreier aus ägyptischer Sklaverei,
dem man dankte.
David schuf ein Königreich, an das man sich noch
lange zurücksehnte.
Man erzählte die Regeln weiter, an denen man sich
orientierte, wenn man zum Volk Israel gehörte.
Man erzählte sich Stammbäume, um an die
Vorfahren zu erinnern.
Durch Geschichten wurde aber auch die Welt erklärt.
So erzählte man, wie die Welt entstanden ist,
wieso man nicht mehr in einem Paradies lebt und sich so plagen muss,
warum Menschen unterschiedliche Sprachen sprechen.
Und man erzählte sich weise Sprüche.
Es wurde aber nicht nur erzählt. Manches wurde als Lieder gesungen, wie die Psal-
men oder das Lied der Mirjam.
Auch Gebete, Klagen und Freude wurden mündlich weitergegeben.

Schreiben

Um Geschichten aufzuschreiben, musste man eine
Schrift haben und Menschen als Schreiber bezahlen
können. Man nimmt an, dass wohl erst in der Zeit der
großen Könige David und Salomo (um 1000 vor
Christus) die Geschichten des Volkes Israel
aufgeschrieben werden konnten. Erst da war wohl ein
System geschaffen, dass es Schreiber gab und Geld
für die teuren Schreibmaterialien bereitgestellt wurde.
So sammelte man die großen Erzählungen des Volkes
und ordnete sie.

Als später die Propheten auftraten, wurden wohl von
deren Schülern die Geschichten über sie und ihre
Worte gesammelt.
Auch die Geschichten über Jesus wurden zuerst erzählt.
Seine Lebensgeschichte wurde vermutlich erst 30 Jahre nach seinem Tode aufge-
schrieben.

Besonderheiten

Wer eine Geschichte aufschreibt, der hat im Blick, für wen er schreibt.
So können dieselben Erfahrungen ganz anders klingen.
Zwei Beispiele:
Die erste Schöpfungsgeschichte erzählt von den sieben Schöpfungstagen, ein Bild,
das die Menschen aus Babylon (um 500 v. Chr.) kannten. Der ältere Bericht erzählt
von der Erschaffung der ersten Menschen aus Lehm und dem Paradiesgarten. Beide
Berichte erzählen anders, haben aber einen gemeinsamen Kern: Die Welt ist allein
durch Gott geschaffen worden – er hält die Welt in seiner Hand.
Auch die Evangelien berichten, je auf ihre Weise, ihrer Gemeinde. So spricht Matthäus zu einer Gemeinde aus Judenchristen und gebraucht daher häufig Zitate aus
dem Alten Testament. Lukas hat eine ganz andere Gemeinde im Blick. In seinem
Blickfeld sind die „Verlorenen", die Armen und die Frauen. Deshalb kommen sie, wie
die Weihnachtsgeschichte, die Gleichnisse vom Samariter und vom verlorenen Sohn
oder die Zachäusgeschichte zeigen, besonders in den Blick.

Sammeln

Die Besonderheiten werden auch bei der **Sammlung der
Schriften**deutlich. Bereits vor dem Babylonischen Exil
(587 v. Chr.) hatte man die biblischen Schriften gesammelt. Dann gab es eine neue Sammlung nach dem Exil,
die unter stärkeren Einfluss von Priestern stand.
Alle verbreiteten Schriften des Neuen Testamentes wurden
gesammelt und um 360 aus einer großen Sammlung von
Evangelien und Briefen nur 27 ausgewählt.
In dieser Zeit ist auch endgültig die Entscheidung gefallen,
dass das Alte Testament Bestandteil der Heiligen Schrift
für Christen ist. So lag um 400 nun endgültig die heute
noch gebräuchliche Sammlung der biblischen Bücher, der
Kanon, fest.

Sprachen der Bibel – Ein Überblick

Hebräisch, die Ursprache der Bibel
Die Sprache der Israeliten war Hebräisch. „Hebräer" war der erste Name, der für das Volk Israel belegt ist. Die hebräische Schrift wurde vermutlich in der Zeit vor Israels ersten Königen erfunden. Schreiber sollten unter anderem die Erzählungen der Hebräer aufschreiben. Der für uns älteste Fund eines hebräischen Bibeltextes ist die Jesaja-Rolle aus den Höhlen von Qumran (220 v. Chr.). Bis heute muss jedes jüdische Kind hebräisch lernen, damit es die Bibel verstehen und lesen kann.

Das Alte Testament in Griechisch: die Septuaginta
Griechisch wurde um 300 vor Christus zur Weltsprache. So gab es auch eine griechische Ausgabe des Alten Testaments, die man **„Septuaginta" (Siebzig)** nannte. Sie entstand im 3. Jahrhundert vor Christus in Ägypten. Über ihre Entstehung wird erzählt: Ein ägyptischer König wollte für seine Bibliothek in Alexandria auch die jüdische Heilige Schrift besitzen. So rief er 72 Schriftgelehrte (daher der Name), aus jedem jüdischen Stamm sechs, zusammen. Die fertigten auf der Insel Pharos die Übersetzung an. Für die frühe Kirche war die Septuaginta und nicht die hebräische Bibel die Heilige Schrift.

Die Sprache Jesu: Aramäisch

Jesus hat aramäisch gesprochen. In dieser Sprache hat er seine Gleichnisse und seine Botschaft weitergegeben. Heute sprechen nur noch wenige Menschen in Syrien aramäisch. Jesus hieß aramäisch „Jeschua" (Josua), was so viel heißt wie „Gott rettet". Erst nach seinem Tode wurde er Christus (griechisch: der Gesalbte) genannt.

Die Weltsprache in der Zeit des Neuen Testamentes: Griechisch
Das Neue Testament wurde in Griechisch geschrieben.
Griechisch wurde in dieser Zeit im Römischen Reich noch dem Latein vorgezogen.

Die Bibel in Latein: die Vulgata
Im 4. Jahrhundert hatte man endlich den gesamten „Kanon", die Ordnung der biblischen Bücher, festgelegt. Da inzwischen im gesamten Römischen Reich Latein die Amtssprache war, ließ man um 380 nun offiziell die Bibel ins Lateinische übersetzen. Ein Mönch namens Hieronymus vollbrachte das Werk, das „Vulgata" (die „Volkstümliche") genannt wurde.

In welchen Sprachen spricht eigentlich Gott?
Diese Frage stellte man sich im Mittelalter. Man glaubte, dass Gott sich nur in Hebräisch, Griechisch und Latein ausdrückt. Daher tat man sich mit Übersetzungen schwer. Um 870 übertrug dennoch Otfried von Weißenburg biblische Texte in die Volkssprache. Er sagte: Die Volkssprache sei zwar nicht heilig, aber nützlich, um die Bibel zu verstehen.

Übersetzung nach dem Urtext und dem Sinn nach: Martin Luther

Bis Martin Luther übersetzte man biblische Texte Wort für Wort aus der lateinischen Bibel. Das Besondere an Luthers Übersetzung war, dass er den Menschen „aufs Maul schaute" und so schrieb, dass es die Leute verstanden. Auch übersetzte Martin Luther aus dem Hebräischen und dem Griechischen. Er wollte dem, was die biblischen Schreiber verfassten, so nahe wie möglich kommen.

Viele Übersetzungen – eine Bibel

Seit Martin Luther wurden viele Übersetzungen in viele Sprachen der Welt angefertigt. Vor Luther hatte bereits Huldrych Zwingli in Zürich die Bibel vollständig übersetzt. In der Reformationszeit gab es bereits Übersetzungen in viele Sprachen Europas. 2006 gibt es Übersetzungen in knapp 2400 Sprachen der Welt. Aber auch neue Übersetzungen ins Deutsche werden angefertigt.

Vom Schreiben der Bibel in früherer Zeit

Schreiben war in der Zeit der Bibel nicht einfach. Man glaubt heute, dass die Menschen erst vor 5000 Jahren mit dem Schreiben begannen.

Es entstand der Beruf des ....
Bauern oder Krieger konnten nicht mit einer Schreibfeder schreiben. Ihre Hände waren durch die schwere Arbeit nicht in der Lage, etwas anderes als einen schweren Pflug oder ein Schwert zu führen. Ein Schreiber musste seine Hände für die feine Arbeit trainieren.

Am Anfang schrieb man auf

....
Mit Holzgriffeln drückte man Schriftzeichen in Keilschrift in den weichen Untergrund.
Die Ägypter schrieben dann auf

....

Die schilfartige Pflanze wurde aufgeschnitten und die Stängel übereinander gepresst. Man machte daraus 8 bis 10 Meter lange

....

Um Notizen aufzuschreiben nahm man in der damaligen Zeit gerne Tonscherben oder Tonziegel. Die Römer schrieben auf

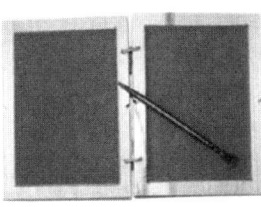

....
Zwei oder mehr Tafeln werden mit gefärbtem Wachs bestrichen. Geschrieben wird mit einem Griffel aus Metall oder Holz. Das flache Ende oder ein Spachtel dient zum Ausradieren der Schrift. Papyrus bekam Konkurrenz durch das

....

Das war Tierhaut von Schafen, Ziegen oder Kälbern.
Man erzählt, dass die Erfindung von Pergament in der Stadt Pergamon (heute in der Türkei) gemacht wurde. Dort wollte ein König um 170 vor Christus eine große Bibliothek aufbauen. In Ägypten hatte man Angst davor, dass diese Bibliothek der von Alexandria, die wichtigste ihrer Zeit, Konkurrenz machen könnte. Daher lieferte man nach Pergamon keinen Papyrus.

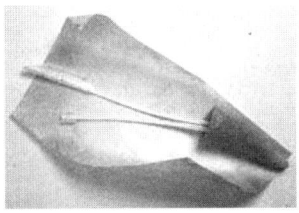

Ein Untertan des Königs von Pergamon entdeckte, dass man auch auf Tierhaut gut schreiben konnte. Sie musste vorher in Kalklauge gebeizt, mit einem Schaber gereinigt, gespannt und getrocknet werden. Seit dem 4. Jahrhundert schrieb man fast nur noch auf Pergament. In dieser Zeit lag die Bibel in ihrer endgültigen Form vor.
Ab 150 nach Christus band man Papyrusblätter, später Pergamentblätter in Buchform zusammen.

Diese Buchform nannte man ....

☞ Ergänze die Lücken mit folgenden Begriffen:
Tontafeln – Codex – Schreibers – Papyrus – Buchrollen – Pergament – Wachstafeln

Erfindung des Alphabets

Um die Bibel schreiben zu können, musste man erst einmal das Alphabet erfinden.

Die Keilschrift im Zweistromland

Schon um 3000 vor Christus tauchten die ersten Schreibschriften im Zweistromland auf. Das waren Keilschrift-Zeichen, die in Tontafeln geritzt wurden. Nur professionelle Schreiber beherrschten die Schrift. Aufgeschrieben wurden Verträge, Gesetze, religiöse Gebräuche, aber auch Erzählungen.

Zunächst wurden in der Schrift nur Gegenstände abgebildet. Damit konnte man keine Tätigkeiten oder Verben schreiben. So verband man „Mund" mit der Darstellung von Nahrung und schuf so das Tätigkeitswort „essen".

☞ Versuche selbst einmal, zwei Bilder so zu kombinieren, dass daraus ein Wort entsteht.

Hieroglyphen

Die Hieroglyphen in Ägypten waren eine reine Bilderschrift. Sie war nicht immer eindeutig. So konnte ein Mensch, der seine Hand vor den Mund hält, sowohl schweigen als auch essen bedeuten. Mit den Bildzeichen wurden schon Laute verbunden.

Hieroglyphen (± 3000)	Sinaitisch (± 1500)	Hebr. Bezeichnung u.Bedeutung	Phönizisch (±1000)	Hebräisch Quadratschrift	Griechisch Zeichen	Name	Latein.
		Alef "Rind, Ochse"		א	A	Alpha	A
		Bet "Haus"		ב	B	Beta	B
?		Gimel		ג	Γ	Gamma	C, G
?		Dalet "Fisch","Tür"		ד	Δ	Delta	D
?		He "Mann"		ה	E	Epsilon	E
		Waw "Haken"		ו	Y	Ypsilon	F, V, Y
		Zajin "Waffe"		ז	Z	Zeta	Z
?		Chet		ח	H	Eta	H
?	?	Tet	?	ט	Θ	Theta	
		Jod "Hand"		י	I	Iota	I, J
		Kaf "geöffn.Hand"		כ	K	Kappa	K
?		Lamed "Ochsenstachel"?		ל	Λ	Lambda	L
		Mem "Wasser"		מ	M	My	M
		Nun "Schlange" "Fisch"		נ	N	Ny	N
?	?	Samech		ס	Ξ	Xi	X
		Ajin "Auge"		ע	O	Omikron	O
		Pe "Mund"		פ	Π	Pi	P
?		Tsade		צ			
?		Qof		ק			Q
		Resch "Kopf"		ר	P	Rho	R
?		Schin/Sin "Zahn"	W W	ש	Σ	Sigma	S
?		Taw	X	ת	T	Tau	T

Hebräische Schrift

Das Hebräische gilt als Bindeglied zwischen Hieroglyphen (Bilderschrift) und unserer Schreibschrift. Schon zuvor hatten die Einwohner Israels, die Kanaanäer, ein Alphabet gehabt. Die Hebräer entwickelten es weiter und schufen die Grundlage auch für unser Alphabet. In der Tabelle kann man erkennen, dass viele unserer lateinischen Buchstaben von hebräischen Wörtern abstammen. Beispiel: Ein Rind heißt Aleph. Wenn man das Zeichen aus der Frühschrift (2. Spalte) auf den Kopf dreht, dann könnt ihr die Vorlage für den Buchstaben A sehen.

☞ Sucht weitere Beispiele, wo die Bilderschrift als Vorlage unserer Buchstaben diente.

Hebräisch und Griechisch – Übersicht

Hebräisch			Griechisch			
Buchstabe	Name	entsprechender deutscher Buchstabe (Konsonant)	Buchstabe		Name	entsprechender deutscher Buchstabe
א	Alef	keiner (stimmloser Kehllaut)	α	A	Alpha	A
ב	Bet	B	β	B	Beta	B
ג	Gimel	G	γ	Γ	Gamma	G
ד	Dalet	D	δ	Δ	Delta	D
ה	He	H	ε	E	Epsilon	E
ו	Waw	W	ζ	Z	Zeta	Z
ז	Sajin	S (stimmhaft)	η	H	Eta	Ä
ח	Chet	Ch (wie in „machen")	θ	Θ	Theta	Th
ט	Tet	T	ι	I	Iota	I, J
י	Jod	J, I	κ	K	Kappa	K
כ (ך)	Kaf	K (am Wortende)	λ	Λ	Lambda	L
ל	Lamed	L	μ	M	My	M
מ (ם)	Mem	M (am Wortende)	ν	N	Ny	N
נ (ן)	Nun	N (am Wortende)	ξ	Ξ	Xi	X
ס	Samech	S (scharf gesprochen)	ο	O	Omikron	O (kurz)
ע	Ajin	keiner (stimmloser Kehllaut)	π	Π	Pi	P
פ (ף)	Pe	P, F (am Wortende)	ρ	P	Rho	R
צ (ץ)	Zade	Z (am Wortende)	σ, ς	Σ	Sigma	S
ק	Kof	K, Q	τ	T	Tau	T
ר	Resch	R	υ	Y	Ypsilon	Y, Ü
שׂ	Sin	S	φ	Φ	Phi	F, Ph
שׁ	Schin	Sch	χ	X	Chi	Ch
ת	Taw	T	ψ	Ψ	Psi	Ps
			ω	Ω	Omega	O (lang)

Die Vokale werden als Punkte oder Zeichen zu den Konsonantenbuchstaben gesetzt: Vokale werden nach dem Konsonanten gesprochen, bei dem sie stehen. Soll ein Vokal am Anfang stehen, schreibt man ihn unter א.	Manche Laute werden aus zusammengesetzten Buchstaben gebildet.
_ = a (kurz) ָ = a (lang) ֱ = ä	ου = U
‥ = e ִ = i וֹ = o	Ein Häkchen vor oder über dem Anfangsbuchstaben = H. Beispiel: ἁ = Ha
ֻ = u בוּ = bu יַקֹב = Jakob	

Hebräisch für Einsteiger

GENESIS. בְּרֵאשִׁית

בְּרֵאשִׁית בָּרָא אֱלֹהִים אֵת הַשָּׁמַיִם וְאֵת הָאָרֶץ: וְהָאָרֶץ 1
הָיְתָה תֹהוּ וָבֹהוּ וְחֹשֶׁךְ עַל־פְּנֵי תְהוֹם וְרוּחַ אֱלֹהִים מְרַחֶפֶת עַל־פְּנֵי
הַמָּיִם: וַיֹּאמֶר אֱלֹהִים יְהִי אוֹר וַיְהִי־אוֹר:

Dies ist der Anfang der Bibel. In Hebräisch wird der erste Satz so ausgesprochen:

Bereschít bará elohim ät haschamajim wè ät ha´arez

Der hebräische Text liegt aber erst seit 700 nach Christus in dieser Form vor.
Um Hebräisch lesen zu können, wie es in der Zeit der Bibel niedergeschrieben
wurde, muss man folgende **Regeln** beachten.
Du kannst sie anhand des ersten Satzes der Bibel selbst herausfinden:

EDRE   DNU   LEMMIH   TTOG   FUHCS   GNAFNA   MA

Die **erste Regel** lautet: die Buchstaben werden .... gelesen.

Da Schreibmaterial teuer war, schrieb man oft so:

EDREDNULEMMIHTTOGFUHCSGNAFNAMA

Die **zweite Regel** heißt: Die Wörter werden oft .... geschrieben.

Jetzt wird es schwierig:
DRDNLMMHTTGFHCSGNFNM

Bei der hebräischen Schrift fehlt etwas ganz Wichtiges. Die **dritte Regel** lautet:

Die Wörter werden ....

Finde heraus, wie dieser bekannte Satz der Bibel heißt:

TRHNMTSRRHRD   = ...

Schreibe nun deinen Vor- und Nachnamen mit hebräischen Buchstaben

....

Griechisch für Einsteiger

Jesus hat wohl mit seinen Jüngern Aramäisch gesprochen.
Aber die Geschichten von Jesus wurden in Griechisch aufgeschrieben.
Der Anfang der Weihnachtsgeschichte nach Lukas sieht so aus:

Ἐγένετο δὲ ἐν ταῖς ἡμέραις ἐκείναις ἐξῆλθεν 2
δόγμα παρὰ Καίσαρος Αὐγούστου ἀπογράφεσθαι
πᾶσαν τὴν οἰκουμένην. ⸀αὕτη ἀπογραφὴ⸂πρώτη 2
ἐγένετο⸃ ἡγεμονεύοντος τῆς Συρίας⸀Κυρηνίου. καὶ ⸀
ἐπορεύοντο πάντες ἀπογράφεσθαι. ἕκαστος εἰς τὴν
ἑαυτοῦ ⸀πόλιν.

Gelesen wird der erste Satz:

Egéneto dè en tais hemérais ekéinais
exälthein dógma parà Káisaros Augústu ...

Er bedeutet:

Es geschah aber zu der Zeit,
als von Kaiser Augustus ein Gebot ausging ...

Du kannst mit Hilfe der Übersicht (griechisches Alphabet) den Rest lesen.
Tipp: Es gibt Betonungszeichen (´), die helfen, wo man ein Wort betont.

Versuche mit Hilfe der Übersicht folgende drei Namen zu lesen:

θεός

Ἰησοῦς

Παῦλος

Tipp: Ein Wort ist der griechische Begriff für Gott, die anderen beiden sind bekannte Personen aus dem Neuen Testament.

Schreibe nun deinen Vor- und Nachnamen mit griechischen Buchstaben.

....

Die Hebräische Bibel

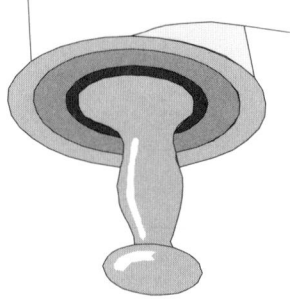 Noch in der Zeit Jesu erfuhr der Text der Heiligen Schrift Veränderungen. Doch nach der Zerstörung des Tempels (70 n. Chr.) stellte man Regeln auf, dass der Text nicht mehr verändert werden darf. Bis heute werden in jüdischen Gottesdiensten Schriftrollen verwendet, die auf Grundlage dieser Regeln hergestellt wurden:

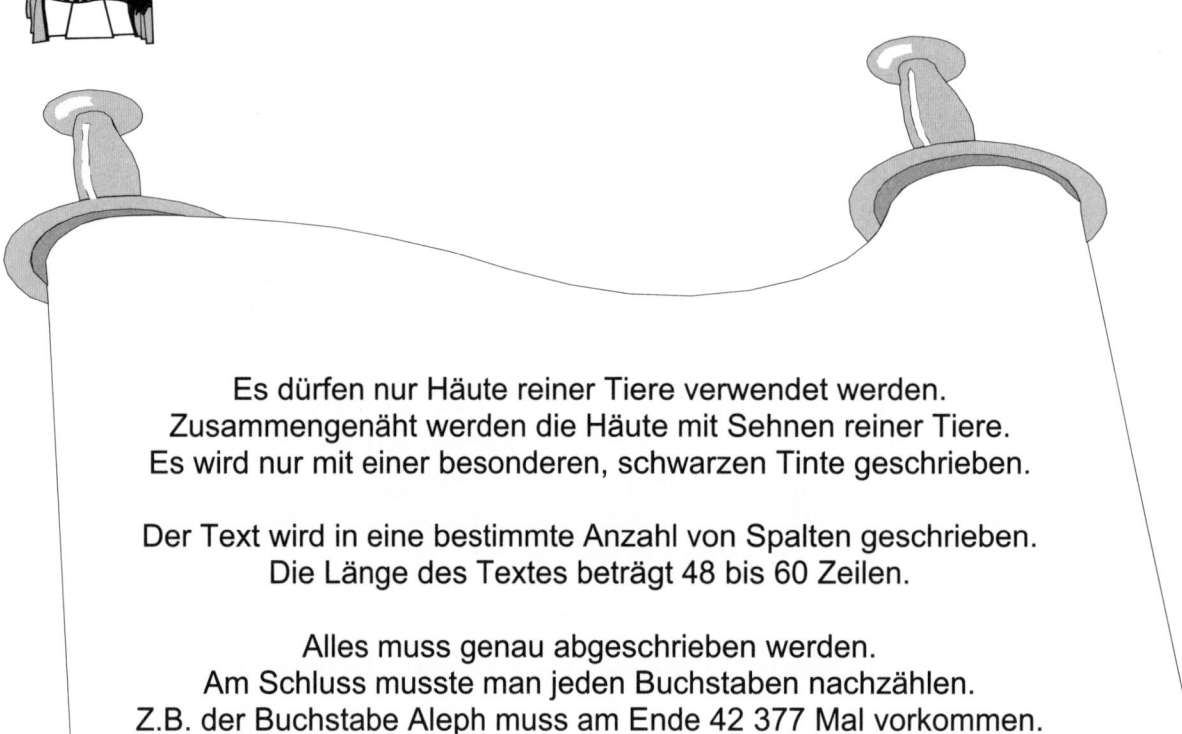

Es dürfen nur Häute reiner Tiere verwendet werden.
Zusammengenäht werden die Häute mit Sehnen reiner Tiere.
Es wird nur mit einer besonderen, schwarzen Tinte geschrieben.

Der Text wird in eine bestimmte Anzahl von Spalten geschrieben.
Die Länge des Textes beträgt 48 bis 60 Zeilen.

Alles muss genau abgeschrieben werden.
Am Schluss musste man jeden Buchstaben nachzählen.
Z.B. der Buchstabe Aleph muss am Ende 42 377 Mal vorkommen.

Wächter über den Bibeltext waren in den Jahren zwischen 500 bis 1000 n. Chr. Gelehrte, die man **Masoreten** (Überlieferer) nannte. Sie achteten darauf, dass beim Abschreiben keine Fehler gemacht wurden.
Außerdem teilten sie den Text der Tora in 54 Abschnitte ein.
So konnte der Bibeltext in einem Jahr gelesen werden.
Schließlich versahen Masoreten den biblischen Text um 700 nach Christus mit Vokalzeichen (Punkte und Striche). Grund war, dass das Hebräische nur Konsonanten kennt. Viele Juden aber sprachen kaum mehr Hebräisch. So konnten sie die Aussprache besser lernen.

☞ Jedes jüdische Kind muss für die Bar Mizwa oder Bat Mizwa-Zeit Hebräisch lesen lernen. Erkundige dich, was Bar Mizwa bedeutet.

Auf dem Weg zum Kanon der Bibel

Wie sollte die Bibel der frühen Christen aussehen? Was sollte da alles hineinkommen?
Die Antworten auf diese Fragen waren nicht ganz leicht. Folgende Probleme ergaben sich:

- Es gab viele Evangelien, Briefe und Apokalypsen.
  Ein Teil dieser Schriften gehörte zur Bewegung der **Gnostiker**, benannt nach dem griechischen Begriff Gnosis = Erkenntnis. Sie schuf beispielsweise ein „Evangelium der Wahrheit" oder das „Thomas-Evangelium".
  Bei ihnen wurde die Erkenntnis von dem, was man in sich hat, großgeschrieben. Die Gnostiker lehrten auch: Die Schöpfung ist schlecht. Jesus war kein Mensch. Gott ist nur reiner Geist (pneuma). Nur wer über diese Erkenntnis Gottes verfügt, wird erlöst. Dies widersprach aber vielem, was in der Bibel steht.

- Ein weiteres Problem war, dass es Menschen gab, die schon früh das Alte Testament nicht als Heilige Schrift akzeptieren wollten. Schon 140 nach Christus forderte dies Markion. Er glaubte, dass das Alte Testament nur einen bösen Schöpfergott und das Neue Testament nur den Gott der Liebe kennt. Weil er glaubte, dass Jesus kein Mensch war, strich er in den Evangelien die Hinweise auf die Familie Jesu.

☞ Ein Theologe namens Tatian fand es sehr verwirrend, dass es vier große Evangelien gab. Er fasste alle in einer Evangelienharmonie zusammen.

So kam es, dass die uns bekannten 27 Bücher des Neuen Testaments erst im vierten Jahrhundert endgültig festlagen. Zuvor erkundigte man sich, welche Schriften in den Gemeinden allgemein anerkannt waren, welche umstritten oder sogar als problematisch galten.
Das Ergebnis:

Unproblematisch	Umstritten	Problematisch
Vier Evangelien	Jakobusbrief	Thomas-Evangelium
Apostelgeschichte	Hebräerbrief	Ägypterevangelium
13 Paulusbriefe	2. Petrusbrief	Hirt des Hermas
1. Petrusbrief	2. und 3. Johannesbrief	Barnabasbrief
1. Johannesbrief	Offenbarung	...

Erstmals erschien 367 die uns heute bekannte Liste der 27 Bücher des Neuen Testaments in einem Brief. Im Jahre **397** wurde endlich auf einer großen Zusammenkunft aller Bischöfe in der nordafrikanischen Stadt **Karthago** der **Kanon** endgültig festgelegt. Später führten Bibeln auch „Kanontafeln" (Bild), die den Umfang der biblischen Bücher zeigten.

Trotz der Festlegung gibt es in Syrien heute noch die Tradition, die umstrittenen Bücher auszuschließen. Die äthiopische Kirche hat dagegen im Kanon des Neuen Testamentes 38 statt 27 Schriften.

☞ Welchen Vorteil und welchen Nachteil hat es, wenn man sich auf eine Ordnung der biblischen Bücher, einen „Kanon" festlegt?

Erste Bibelübersetzungen: Hieronymus und Ulfilas

Die „Vulgata" des Hieronymus

Die ersten drei Jahrhunderte nach Jesus wurde die Bibel in Griechisch verbreitet. Doch viele verstanden nur noch Latein, die Amtssprache des Römischen Reiches.
Um 383 gab Papst Damasus dem Gelehrten Hieronymus den Auftrag, eine Übersetzung anzufertigen. Dieser fügte seiner Übersetzung eine Einleitung zu jedem Buch hinzu.
Zunächst orientierte er sich im Alten Testament an der griechischen, später an der hebräischen Bibel. Dies brachte ihm Kritik ein, denn in der frühen Kirche war man an die hebräische Bibel nicht mehr gewöhnt.

Seine Bibelübersetzung wurde später **„Vulgata", die „Volkstümliche"** genannt, weil sie nun in einer Sprache vorlag, die überall im Römischen Reich verstanden wurde.

Legende:

Hieronymus wird meist mit einem Löwen dargestellt. Zu dieser Darstellung kam es aufgrund folgender Legende. Hieronymus lebte für seine Arbeit zurückgezogen in der Wüste. Dort soll ihm ein Löwe erschienen sein, der einen Dorn in der Tatze hatte. Hieronymus half dem Löwen. Aus Dankbarkeit blieb dieser bei ihm.

Ulfilas (Wulfilas) gotische Bibel

Die erste Übersetzung der lateinischen Bibel war eine in die **Sprache der Goten.**
Diese wanderten von Schweden an die Grenze des Römischen Reiches im heutigen Rumänien. Um 311 wurde dort Ulfilas (das meint „Wölflein") geboren. Mit 30 Jahren kam er nach Konstantinopel, wo er zum Bischof der Goten ernannt wurde.
Als er zu seinen Landsleuten zurückkehrte, begann er mit der Übersetzung der Bibel in die gotische Sprache. Dazu musste er erst einmal ein neues Alphabet erfinden.

> Atta unsar þu in himinam
> Weihnai namo þein.
> Quimai þiudinassus þeins.
> Wairþai wilja þeins,
> swe in himina jah ana airþai.
> Hlaif unsarana þana sinteinan gif uns
> himma daga.
> Jah aflet uns þatei skulans sijaima.
> Saswe jah weis afletem þaim skulam
> unsaraim.
> Jah ni briggais uns in fraistubnjai,
> ak lausei uns af þamma ubilin;
> unte þeina ist þiudangardi jah mahts
> jah wulþus in aiwins. amen.

Ob er die ganze Bibel übersetzt hat, ist ungewiss. Ein Geschichtsschreiber dieser Zeit behauptete, Ulfilas habe die Königsbücher weggelassen, weil es dort so viel um Krieg geht. Ulfilas wollte die kriegerischen Goten nicht in ihrem Verhalten bestärken.

☞ In der Ulfilas-Bibel findet sich das erste Vaterunser in einer germanischen Sprache.
Lies es und suche Worte, die wir heute noch kennen.

Die Bibel im Mittelalter: Schreibstube

Eine Bibel hatte im Mittelalter einen großen Wert.
Für Klöster war das Abschreiben von Bibeln eine gute Einnahmequelle.
Seit dem 8. Jahrhundert sollten Klöster darüber wachen, dass die Bibel mit Sorgfalt abgeschrieben wurde.
Viele Klöster besaßen eigene Schreibstuben, die **Skriptorien** genannt wurden.

Nicht jeder Mönch hatte eine Bibel zur Verfügung, aus der er abschreiben konnte.
So saßen Mönche oft hintereinander und ein Vorleser diktierte den lateinischen Text.
Die Schreiber beschrieben pro Tag etwa vier große Pergamentseiten.
Um eine ganze Bibel abzuschreiben und zu verzieren, hätte ein einzelner Mönch wohl ein Leben lang gebraucht.

Schreiber saßen in gekrümmter Haltung.
Es war wenig Licht in den Räumen.
So litten die Augen.
Wenn es kalt wurde, dann durfte nicht richtig geheizt werden, weil man Angst hatte, dass ein Feuer ausbricht.

Dass das Schreiben gar nicht so einfach war, zeigt ein Spruch aus dieser Zeit. Er wurde von einem Schreiber an den Rand eines Buches geschrieben:

Oh glücklicher Leser,
wasche deine Hände und
fasse das Buch so an,
drehe die Blätter sanft,
halte die Finger weit ab
von den Buchstaben.
Der, der nicht weiß
zu schreiben, glaubt nicht,
dass dies eine Arbeit sei.
Oh wie schwer
ist das Schreiben:
es trübt die Augen,
quetscht die Nieren
und bringt zugleich
allen Gliedern Qual.
Drei Finger schreiben,
der ganze Körper leidet.

☞ Was hat sich heute, im Gegensatz zu der Zeit damals, geändert?

Bibel-Handschriften im Mittelalter

Was brauchte man, um eine Bibel im Mittelalter herzustellen?

- **Pergament** wurde aus Tierhaut hergestellt. Diese musste mit Bimsstein geglättet werden. Dann bearbeitete man sie mit Kreide, damit das Fett aus der Tierhaut entfernt werden konnte. Sonst würde die Tinte verschmieren. Der Vorteil des Pergaments war: Hat einer einen Fehler gemacht, konnte man mit einem Messer das Wort abschaben.

- **Schreibfedern** wurden aus harten Gänse- oder Schwanenfedern zugeschnitten: vorne spitz und mit einem Längsschnitt. Am Tag mussten für einen Schreiber bis zu 60 Federn gerichtet werden.

- **Tinte** wurde aus Ruß und Pflanzensaft gemischt. Um Farbe zu bekommen, musste man chemische Substanzen oder Quarzsteine verarbeiten. Die Tinte wurde in Töpfchen oder Tierhörnern aufbewahrt.

Ein Manuskript (d.h. Handschrift) wurde in der Regel ohne Anfangsbuchstaben eines Kapitels und Überschrift abgeschrieben. Diese wurden später meist in roter Farbe (lateinisch „rubicus") nachgetragen. Daher kommt das Wort „Rubrik" für etwas, das außerhalb des Textteils steht.

Illustrationen verliehen einer Bibel eine besondere Note. Für sie gab es Künstlergruppen, die den Text „illuminierten", d.h. ausschmückten. Je nach dem Vermögen des Auftraggebers wurde das sehr aufwändig gemacht. Besonders die Anfangsbuchstaben (Initialen) von Büchern oder Kapitel wurden schön ausgeschmückt. Buchmaler malten Bilder, die man Miniaturen nannte, mit Darstellungen aus der Bibel. Dafür wurde auch Gold verwendet.

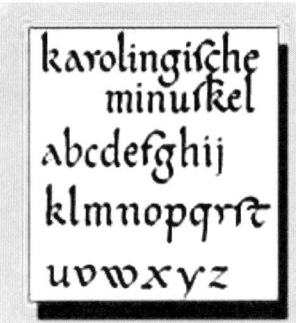

☞ Schreibe einen Satz aus der Bibel. Male dazu an den Anfang eine kunstvolle Initiale und schreibe den Rest mit der Schreibschrift, mit der vor 1000 Jahren geschrieben wurde, der „Karolingischen Minuskel".

Armenbibeln

So sahen Holzschnittbibeln aus, die man **Armenbibeln** nannte. Sie waren nicht für Menschen bestimmt, die kein Geld hatten, sondern für die, die „geistlich arm" waren, die also noch etwas lernen mussten.

Es wird in Bildern ein komplizierter Zusammenhang erläutert: In der Mitte sieht man die Wunde Jesu, die er am Kreuz durch eine Lanze zugefügt bekommt. Jesu Blut, das aus der Wunde fließt, hat eine bestimmte Bedeutung. Diese Bedeutung kann durch zwei andere biblische Geschichten, in der eine „Wunde" vorkommt, erschlossen werden:

☞ Zum Bild links: Lies in 1. Mose 2 nach: Was kommt aus der „Wunde" Adams?

☞ Zum Bild rechts: Lies in 2. Mose 17: Was kommt aus der „Wunde" im Felsen?

☞ Welche Bedeutung hat also die Wunde Jesu?

Johannes Gutenberg verändert die Welt

Ende 1999 wurde Johannes Gutenberg von Journalisten weltweit zum Mann des Jahrtausends gewählt.
Im Rückblick erzählt er von seiner Entdeckung und von der ersten gedruckten Bibel überhaupt:

Die Idee mit dem neuen Buchdruck hatte ich bereits, als ich in Straßburg als Goldschmied arbeitete. Das war im Jahr 1435. Ich sah die Buchdrucker, die so arbeiten mussten:
Die Seiten wurden spiegelverkehrt auf Holzplatten geschrieben. Das Holz wurde um die Buchstaben herausgeschnitten, die erhobene Fläche mit Hilfe von Druckfarbe bestrichen und Papier oder Pergament durch die Presse angedrückt. Auf diese Weise konnte man nur dreihundert Seiten drucken. Dann wurde das Holz schlecht.

Ich hatte mir damals überlegt, statt Holz eine Metallplatte zu nehmen. Dann kam mir aber eine bessere Idee, nämlich nur die einzelnen Buchstaben aus Metall herzustellen.
Leider hatte ich kein Geld, um meine Idee umzusetzen. So musste ich mir bei dem Mainzer Kaufmann und Rechtsanwalt Johann Fust Geld leihen, damit ich eine Werkstatt einrichten konnte. Mit meinem Gesellen Peter Schöffer machte ich mich ans Werk. Ich druckte Flugblätter, Ablassbriefe und zwischen 1452 und 1455 die erste gedruckte Bibel überhaupt – mein Meisterwerk. Sie war wahrlich eine Schönheit. Ich goss für sie Druckbuchstaben, die an eine Handschrift erinnerten. Ich wollte zeigen, dass meine gedruckte Bibel mit jeder Bibelhandschrift mithalten konnte.

Besonders meine Bibel war ein voller Erfolg. Leider hatte ich nicht viel davon, denn mein Geldgeber Johann Fust wollte schnell sein Geld zurück und warf mich schließlich aus meiner Werkstatt hinaus. Mein Geselle Peter Schöffer war sein Schwiegersohn. Er sagte vor Gericht gegen mich aus und übernahm die Druckwerkstatt.
So endete ich als armer Mann.

Vor Gutenberg kostete eine Bibel 15 Mark Silber. Fünf Mark war der Wert von vier Bauernhöfen, drei Waldstücken und 600 Morgen Land. Ein Morgen war ein Ackerstück, das an einem Vormittag gepflügt werden konnte.

Die erste gedruckte Bibel Gutenbergs kostete nur noch so viel wie ein ganzes Haus.

☞ Wieso war die Erfindung der beweglichen Druckbuchstaben so besonders, dass Gutenberg zum „wichtigsten Mann" gewählt wurde?

Bibel in der Frühzeit der Buchdruckerkunst

Folgende Berufe waren notwendig, damit man am Ende eine Bibel in Händen halten konnte:

Der Papyrer.

Der Schrifftgiesser.

Der Form schneider.

Der Buchdrücker.

Der Brieffmaler.

Der Buchbinder.

Ordne folgende Aussagen den Berufen zu:

Meinen Beruf nennt man die „Schwarze Kunst", weil man die Druckerschwärze kaum los wird. Ich drucke nur das Buch. Bei Bedarf füge ich auch Holzschnitte hinzu.

Ich stelle aus Pflanzenfasern und Leim Büttenpapier her. Mein Schreibstoff ist viel günstiger als Pergament, aber er hält auch nicht so lange.

Ich male Initialen (Anfangsbuchstaben) in Freiräume, schreibe Überschriften in die Bibel oder füge farbige Markierungen zu Beginn eines Satzes ein. Damit kann man die Bibel besser lesen.

Ich schneide Holzschnitte oder Initialen (Anfangsbuchstaben) aus, die nach dem Druck des Textes eingefügt werden.

Wenn man vom Buchdrucker eine Bibel bekommt, kann man sie bei mir binden lassen. Das kostet aber, je nach Ausstattung, eine Menge Geld. So lassen viele ihre Bibel erst einmal nicht binden.

Damit jemand drucken kann, braucht er Druckbuchstaben, die je nach Geschmack wie eine Hand- oder Druckschrift aussehen. Eigentlich habe ich Goldschmied gelernt.

Die ersten deutschen Bibeln

Im Jahre 1466 wurde die erste deutschsprachige Bibel in Straßburg durch Johann Mentelin gedruckt. Es war die erste gedruckte Bibel in einer Volkssprache überhaupt.

Seine Bibel war ein Wagnis. In der Kirche und bei Gelehrten wurde nur der lateinische Text verwendet. Er war auch für den Gottesdienst vorgeschrieben. Daher hatte Mentelin zunächst keine sicheren Abnehmer. Doch reiche Bürger, die durch Handel oder Handwerk in dieser Zeit viel Geld verdienten, wollten in der eigenen Sprache die Bibel lesen. So ging er das Wagnis ein.
Bis 1522, als Martin Luther sein Neues Testament übersetzte, entstanden auch in anderen Städten insgesamt 18 deutsche Bibelausgaben.

Die dritte deutsche Bibel war die von Günther Zainer in Augsburg.
Sie war die erste Bibel mit Abbildungen.
Zainer hatte gemerkt:
Die Menschen wollten lieber Bibeln mit Abbildungen.
So ließ er zu jedem biblischen Buch einen Anfangsbuchstaben schneiden, in dem eine biblische Geschichte abgebildet ist.

☞ Der Holzschnitt zeigt einen Anfangsbuchstaben und eine biblische Geschichte.
Finde heraus, welcher Buchstabe und welche Geschichte hier abgebildet sind.

☞ Kannst du dir erklären, warum man bald auf bebilderte Bibeln umstieg? Vergleiche das mit heute.

☞ Holzschnitte wurden damals auch koloriert, das meint gefärbt. Du kannst also den Holzschnitt auch kolorieren.

Entdeckung in der Bibel

Luther wurde 1512 Professor an der Universität Wittenberg.
Er beschäftigte sich sehr mit der Bibel und versuchte herauszufinden,
was sie zu den größten Fragen für viele Menschen damals sagt. Die lauteten:

Wie kann ich Gott gnädig stimmen?
Wie komme ich nach dem Tod in den Himmel?

Die Kirche der damaligen Zeit gab darauf Antworten:

Wenn ihr weniger Strafen nach dem Tod erleiden wollt,
dann müsst ihr etwas dafür tun.
Kauft Ablassbriefe, macht Wallfahrten oder geht ins Kloster.

Luther suchte nach Antworten in der Bibel. Er kam zu der Überzeugung:

Allein die Bibel kann uns sagen, was Gott wirklich von uns will,
und nicht die Oberen in der Kirche.

Er fand in der Bibel heraus:

Gott ist kein strafender Richter,
er ist ein liebender Vater.
Allein der Glaube ist entscheidend, weniger das, was man tut.

☞ Luther sagte von sich, er entdeckte den letzten Punkt anhand von **Röm 1, 17**:
Suche den Vers in der Bibel und schreibe ihn in das Feld:

☞ Das Bild zeigt Martin Luther mit der Bibel in
der Hand, der dem Papst gegenübersteht.
Welche Rolle spielt hier wohl die Bibel?

Luthers Bibelübersetzung

Durch Martin Luther wurde erstmals die Bibel so übersetzt, dass das Volk sie wirklich verstand. Allerdings war dies ein langer Weg. 1512–1522 übersetzte er für seine Vorlesungen als Professor in Wittenberg Passagen der Bibel. In dieser Zeit machte er seine Entdeckung, dass die Bibel etwas anderes sagt als die Vertreter der Kirche. 1521 musste er sich wegen seiner Lehre auf der Wartburg in Thüringen verstecken. Unter dem Decknamen „Junker Jörg" (Bild: Luther mit Bart) nutzte er die Zeit und übersetzte in zehn Wochen das Neue Testament. Weil es im September 1522 erschien, nennt man es „Septembertestament" (Bild rechts).

Ich muss die Bibel übersetzen, dass jeder nachlesen kann, was Gott wirklich will.

Martin Luther machte sich über seine Übersetzung Gedanken. Er schrieb den „Sendbrief vom Dolmetschen".
In der Originalsprache seiner Zeit lautet dessen wichtigster Satz:

denn man mus nicht die buchstaben inn der Lateinischen sprachen fragen, wie man sol Deudsch reden wie diese Esel thun
Sondern man mus die mutter ihm hause die kinder auff der gassen den gemeinen man auff dem marckt druemb fragen vnd den selbigen auff das maul sehen wie sie reden vnd darnach dolmetschen so verstehen sie es denn vnd mercken, das man Deudsch mit ihn redet.

☞ Wen will Luther alles mit seiner Bibelübersetzung ansprechen?

Regeln für die Übersetzung Luthers

Vor Luther gab es Bibelübersetzungen ins Deutsche aus der lateinischen Bibel. Doch waren diese wenig verständlich. Das Neue an der Bibelübersetzung Luthers und seiner Mitarbeiter (Bild) war:

Er übersetzte aus den Ursprachen Hebräisch und Griechisch.

Seit vielen Jahren gab es die Bewegung der „Humanisten".
Sie entdeckten die antiken Sprachen neu.
Ein griechisches Neues Testament wurde 1516 veröffentlicht.
Es stammte von dem Gelehrten Erasmus von Rotterdam
und war Grundlage für die Übersetzung Martin Luthers.

Er übersetzte dem Sinn nach und schaute dabei den Leuten „aufs Maul".

Vor Luther übersetzte man den Text Wort für Wort, ohne nach dem Sinn zu fragen.
Um deutlich zu machen, was das heißt:
Was bedeutet bei uns: „Schwein haben" oder „Die Radieschen von unten ansehen"?
Was würde passieren, wenn man dies wörtlich in eine andere Sprache übersetzt?

Martin Luther wollte zwar genau wiedergeben, was der Urtext sagt,
aber er wollte auch zeigen, was die Bibel eigentlich meint.
Im Laufe seines Lebens überprüfte Martin Luther daher seine Übersetzung.
Einmal musste er beim Psalm 63, 6 eine Entscheidung treffen:

> Weil die erste Fassung kein Deutscher versteht, haben wir die hebräischen Worte „Schmalz" und „Fett" weggelassen und haben klar deutsch geredet. Mit Schmalz und Fett wird Freude bezeichnet. Denn ein gesundes und fettes Tier ist fröhlich und ebenso wird ein fröhliches Tier fett. Ein trauriges Tier aber nimmt ab und ein mageres Tier ist traurig. Deshalb haben wir übersetzt
> „Meines Herzens Freude und Wonne"

Las meyne seele voll werden wie mit schmaltz vnd fettem, das meyn mund mit fröhlichen lippen rhume.	Das were meines hertzens freude vnd wonne, Wenn ich dich mit fröhlichem munde loben sollte.	Das ist meines Herzens Freude und Wonne, wenn ich dich mit fröhlichem Munde loben kann.	Du machst mich satt und glücklich wie bei einem Festmahl, mit jubelnden Lippen preise ich dich.
Luther 1524	Luther 1531	Luther 1984	Gute Nachricht 1997

☞ Was bedeutet bei uns eigentlich: „Sein Fett abbekommen"?

Psalm 23 einmal anders

Hier kannst du versuchen, den Psalm 23 in einer Originaldruckschrift zu lesen:

Oben: Mentelin-Bibel wurde 1466 in Straßburg gedruckt und war die erste deutsche Bibel überhaupt.
Unten: Luther-Bibel, gedruckt in Wittenberg 1534, war die erste vollständige Bibel Martin Luthers.

Worterklärung:

- richt:
  aufrichten, lenken
- gebarst: gebrechen,
  mangeln
- wiederbringung:
  Wiederherstellung;
- ioch: auch
- bescheude: Anblick,
  Antlitz (von
  beschauen);
- erveystent: fett machen;
- entwele: verweilen.

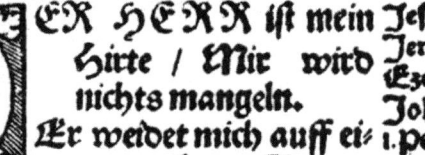

Martin Luthers Bibelübersetzung

Martin Luther übersetzte mit Freunden die ganze Bibel in die deutsche Sprache. Dabei bemühte er sich, „dem Volke aufs Maul zu schauen". Das bedeutet, er hat versucht, so zu schreiben, wie man auch damals gesprochen hat.
Für die Verbreitung sorgte die Erfindung der Buchdruckerkunst.
Um mehr über Luthers Entdeckung zu erfahren, löse das folgende Rätsel.

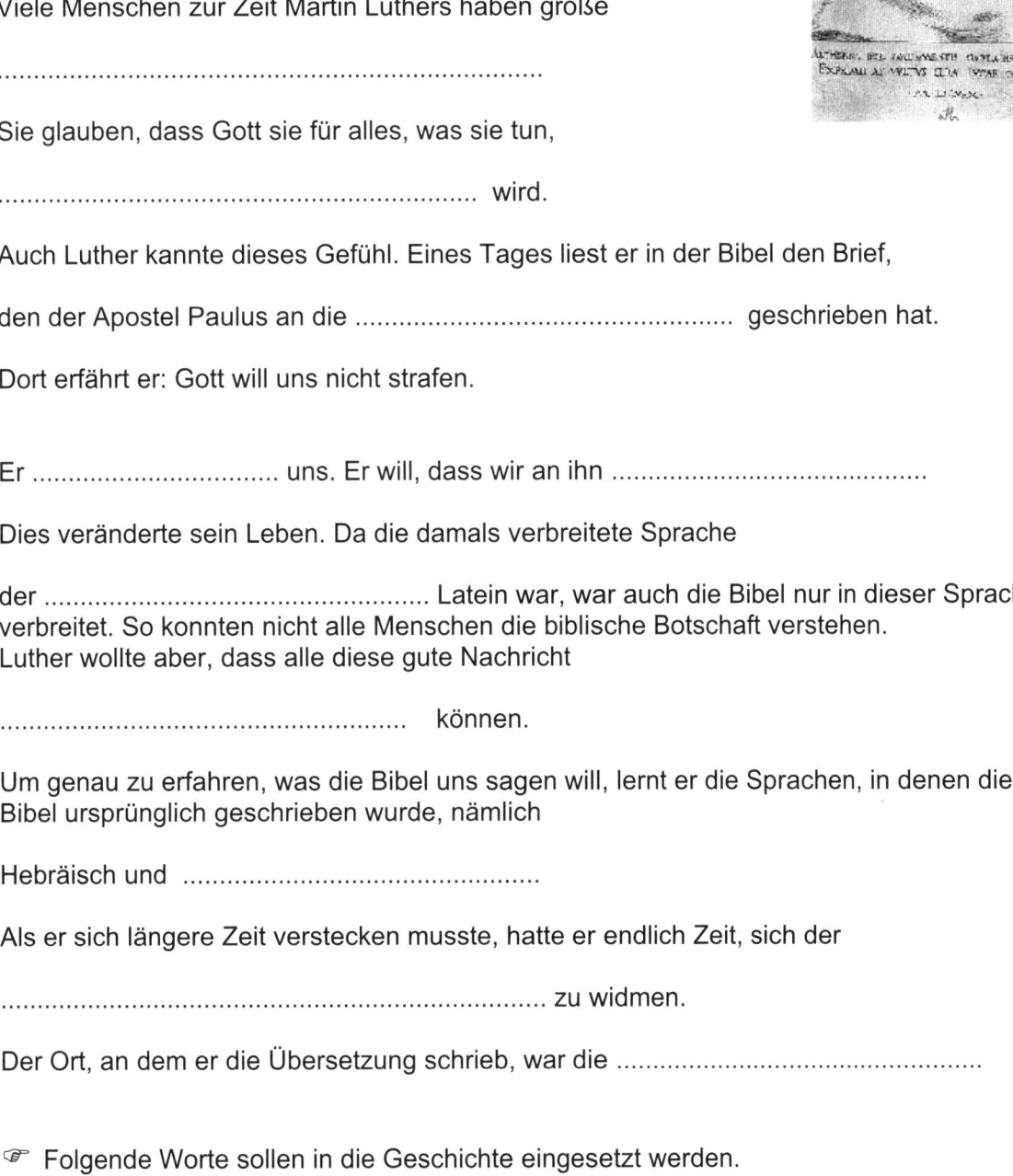

Viele Menschen zur Zeit Martin Luthers haben große

....

Sie glauben, dass Gott sie für alles, was sie tun,

.... wird.

Auch Luther kannte dieses Gefühl. Eines Tages liest er in der Bibel den Brief,

den der Apostel Paulus an die .... geschrieben hat.

Dort erfährt er: Gott will uns nicht strafen.

Er .... uns. Er will, dass wir an ihn ....

Dies veränderte sein Leben. Da die damals verbreitete Sprache

der .... Latein war, war auch die Bibel nur in dieser Sprache verbreitet. So konnten nicht alle Menschen die biblische Botschaft verstehen.
Luther wollte aber, dass alle diese gute Nachricht

.... können.

Um genau zu erfahren, was die Bibel uns sagen will, lernt er die Sprachen, in denen die Bibel ursprünglich geschrieben wurde, nämlich

Hebräisch und ....

Als er sich längere Zeit verstecken musste, hatte er endlich Zeit, sich der

.... zu widmen.

Der Ort, an dem er die Übersetzung schrieb, war die ....

☞ Folgende Worte sollen in die Geschichte eingesetzt werden.

Gelehrten – Bibelübersetzung – glauben – Wartburg –

Griechisch – Römer – Angst – begreifen – strafen – liebt

Neue Bibeln der Reformationszeit

Martin Luther war der Erste, der sich in der Reformationszeit an das Werk machte, die Bibel zu übersetzen und zu kommentieren. Die Anhänger Luthers, die **Lutheraner**, hielten sich später streng an die Übersetzung und den Kommentar Martin Luthers. Für sie enthielt die letzte Bibelausgabe, die Luther 1545 herausgegeben hatte, den allein bindenden Text. Kein Buchstabe und keine Anmerkung Luthers sollte verändert werden. Luthers Bibel wurde von seinem Freund Johannes Bugenhagen auch in die niederdeutsche Sprache, die in Norddeutschland gesprochen wurde, übersetzt.

Die andere große protestantische Richtung der Reformation war die der **Reformierten**. Auch hier gab es mehrere Bibelübersetzungen.

Huldrych Zwingli schuf in Zürich die „Zürcher Bibel". Sie ist bis heute eine wichtige Bibel für Protestanten in der Schweiz. Diese Übersetzung der Bibel lag bereits 1530 komplett vor. Luther konnte erst 1534 seine Bibel vollenden.

Eine weitere reformierte Bibelübersetzung entstand 1603–1606 in Herborn (Hessen) durch den Theologieprofessor **Johann Piscator**. Ihm waren Luthers und Zwinglis Übersetzung nicht genau genug.

Meist wurde in Deutschland bei den Reformierten aber der Luther-Text verwendet. Nur wenige Textstellen und die Anmerkungen Luthers wurden in diesen Bibeln verändert.

Die erste dieser Bibeln war die **Neustadter Bibel** mit Anmerkungen des reformierten Theologen **David Pareus** aus dem Jahr 1587. Eine mächtige Kommentarbibel, die viele Anmerkungen zwischen den Zeilen des Luthertextes enthielt, war die Bibel des **Paulus Tossanus**, die 1617 in Heidelberg entstand.

Neben den Reformierten gab es auch Übersetzungen von **radikalen Anhängern der Reformation**. Schon vor Luther hatten solche in Worms 1527 das Buch der Propheten in deutscher Sprache herausgegeben.

Die Reformation brachte auch in **anderen Ländern Europas** eine Fülle von Bibelübersetzungen mit sich.

William Tyndale schuf die erste Bibel der Reformationszeit in **Englisch**. Er fertigte das Neue Testament 1525 in Hamburg an und ließ es in Worms drucken. Weil er dafür in seiner Heimat verfolgt wurde, musste er die Bibeln zwischen Tuchballen nach England schmuggeln. 1536 wurde Tyndale als Anhänger der Reformation hingerichtet. 1611 erschien auf Grundlage von Tyndales Übersetzung die „King James Bible". Sie wurde zur offiziellen englischen Bibel.

1523 erschien ein Neues Testament in **Französich**, übersetzt durch Jacques LeFevre d´Etaples. Die vollständige französische Ausgabe erschien 1530 als „Antwerpener Bibel", benannt nach ihrem Erscheinungsort. Die erste rein protestantische Bibelübersetzung erschien 1535 durch Pierre Robert. 1546 überarbeitete **Johannes Calvin** die Übersetzung, die fortan als **Genfer Bibel** unter den französischsprachigen Protestanten verbreitet wurde.

Weitere Bibelübersetzungen in Europa

1524 erschien bereits ein dänisches Neues Testament. Eine holländische Bibelübersetzung schuf 1526 Jakob van Liesfeldt. 1548 machten die holländischen Katholiken daraus ihre Bibel. 1562/63 entstand ein Neues Testament in Serbo-kroatisch. 1563 übersetzte der lutherische Gelehrte Jan Seklucjan das Neue Testament aus dem Griechischen ins Polnische.

1607 veröffentlichte in Genf der calvinistische Theologe Giovanni Diodati die erste protestantische Bibel in Italienisch. Erst 1681 erschien ein Neues Testament in Portugiesisch. Auch in Spanisch konnte erst im 18. Jahrhundert eine Bibelübersetzung erscheinen – zuvor war sie, wie in vielen katholischen Ländern, verboten.

Bibel für Katholiken in der Volkssprache?

Seit dem Mittelalter war die lateinische Bibel die einzige, die von der Kirche zugelassen war. Um Martin Luthers sehr erfolgreicher Bibelübersetzung etwas entgegenzusetzen, wurde der „altgläubige" Theologe **Hieronymus Emser** beauftragt, ein Neues Testament in deutscher Sprache herzustellen. Im Jahre 1527 wurde es erstmals aufgelegt. Es ähnelt sehr dem Text von Martin Luther.
Emser verändert aber die Übersetzung dort, wo es ihm „zu evangelisch" schien und versah den Bibeltext mit Anmerkungen, die gegen Luther gerichtet waren.

Im Jahr 1534, als Martin Luther seine vollständige Bibel veröffentlichte, kam in Mainz durch **Johann Dietenberger** auch eine Bibel für Katholiken heraus. Sie war viele Jahrhunderte die katholische Bibel in deutscher Sprache.
Doch offiziell durfte keine Bibel außer der Lateinischen in der katholischen Kirche verwendet werden.
Dies lag an den Beschlüssen des **Konzils von Trient**.

Um sich mit den Folgen der Reformation auseinander zu setzen, berief der Papst ein Konzil in der italienischen Stadt Trient ein (Bild).
Es dauerte von 1545 bis 1563.
Im Jahr **1546** wurde über die Bibel verhandelt.
Es wurde beschlossen:

- Niemand solle es wagen, die Heilige Schrift im Widerspruch zu den „Vätern" (kirchliche Tradition und frühere Beschlüsse) auszulegen.
- Die katholische Kirche ist die einzige wahre Auslegerin der Bibel.
- Der lateinische Text der Vulgata ist die allein verbindliche Bibelausgabe, da sie sich schon viele Jahrhunderte bewährt hat.
- Nur sie soll in Gottesdiensten oder öffentlichen Diskussionen verwendet werden.
- Weil aber die Vulgata einige Fehler hat, soll eine neue Vulgata geschaffen werden, die dann unhinterfragbare Autorität sein soll.

☞ Was will also das Konzil?

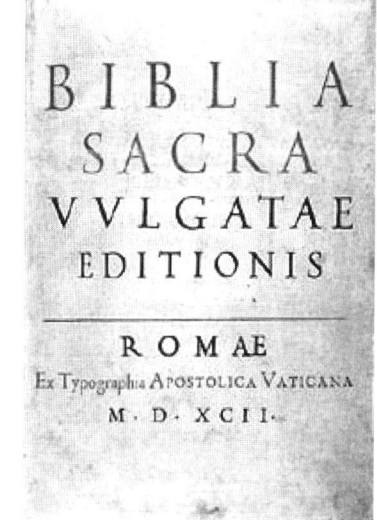

Die „Neue Vulgata" wurde 1592 unter Papst Clemens VIII. vollendet und heißt daher **Vulgata Clementina**.
Sie gilt seither als offizielle katholische Bibelausgabe.

Erst in dem Zweiten Vatikanischen Konzil in den 1960er Jahren wurde das strenge Verbot, die Bibel nur in der lateinischen Sprache zu verwenden, aufgehoben.

Die Bibel unters Volk gebracht

Martin Luther und die Reformatoren haben die Bibel für das Volk verständlich gemacht. Doch die Bibel war noch lange kein Lesebuch.

- Viele Menschen konnten noch nicht lesen. So verbreiteten sich die biblischen Geschichten und Texte besonders durch die Predigt in der Volkssprache und durch den Unterricht, wo sie vorgelesen oder zusammengefasst wurden.
- Auch war eine gedruckte Bibel für die meisten Menschen zu teuer. So kostete eine Bibel vor dem Jahr 1700 in der Regel das Jahresgehalt eines Lehrers oder drei Jahresgehälter einer Magd.

Damit viele Menschen selbst die Bibel lesen konnten, musste man ihnen das Lesen beibringen und die Bibel preiswert anbieten. Es dauerte bis ins 19. Jahrhundert, bis überall ein Schulwesen entstand, das für alle Kinder offen war.

Um 1710 kam Freiherr Carl Hildebrand von Canstein auf eine Idee. Er wollte den Druck von Bibeln so fördern, dass sich so viele Menschen wie möglich eine Bibel leisten konnten. Im Waisenhaus zu Halle entstand eine Druckerei, um einfache und preiswerte Bibeln herzustellen. Im Titelblatt dieser Bibel taucht dann auch die Idee auf, „den Armen zur Erbauung um einen geringen Preis eine Bibel in die Hände zu geben".

In 100 Jahren wurden drei Millionen dieser Canstein-Bibeln (Bild) in Deutschland unters Volk gebracht. Die Bibel kostete nun nicht mehr ein Jahresgehalt, sondern den Preis von einem Paar Schuhe.

☞ Was können die Gründe dafür sein, dass Freiherr von Canstein gerade den Armen eine Bibel preiswert zukommen lassen wollte?

Streit um die Bibel: Aufklärung und Pietismus

Im 18. Jahrhundert kam es zum Streit um die Bibel, der heute noch nachwirkt.
Zwei Denkrichtungen gab es, die dafür stehen: die Aufklärung und der Pietismus.

Aufklärung: Die Bibel kritisch hinterfragen

Kann ich das, was in der Bibel steht, wortwörtlich glauben?
Im 18. Jahrhundert stellten sich immer mehr Menschen diese Frage.

Besonders die Bewegung der **Aufklärung** hielt vieles, was die Bibel berichtet und wie sie bisher ausgelegt wurde, für irreführend.
Wundergeschichten, prophetische Ankündigungen und die Darstellung der Weltentstehung wurden hinterfragt.
Der Hauptvertreter der Bewegung, der französische Philosoph **Voltaire**, begründete seine Anfragen mit seinem Glauben an Gott.
Er glaubte:
- Gott ist Ordnung – ein Weltgesetz.
- Er hat die Welt vernünftig geordnet.
- Wunder oder Voraussagungen würden diese Ordnung aufheben.

Auch Entdeckungen führten zu Anfragen an die Bibel.
Wenn man alle Zeitangaben der Bibel zusammenrechnet, so kommt man auf ein Alter der Welt von ungefähr 5000 Jahren. Entdeckungen zeigten aber, dass die Welt älter ist. So stellte man die Bibel als Ganzes in Frage.
Manche wollten in ihr nur noch ein moralisches Lehrbuch sehen.

☞ Wie ist das Denken der Aufklärung heute noch zu spüren?

Pietismus: Die Bibel im eigenen Leben wirken lassen

Gründer der Bewegung der Pietisten war **Philipp Jakob Spener**, der 1677 zu einer **Praxis der Frömmigkeit** aufrief.
Die Pietisten lehnten den kritischen Umgang mit der Bibel ab. Stattdessen sollten sich die Menschen neu der Bibel zuwenden und ihr in ihrem Leben einen Raum geben. So sollte auch jeder eine Bibel besitzen, mit der er sich selbst beschäftigen kann.
Man war aber auch daran interessiert, genau zu wissen, was in der Bibel steht. So förderte man neue Bibelübersetzungen, die sich genauer als Luther an den Urtext hielten. Weil man

diese aber nicht so gut verstehen und lesen konnte, brauchte man dazu Bibelkommentare.

☞ Kennst du heute Beispiele, wo die Einstellung der Pietisten weiterlebt?

Die Bibel für die Völker

Im 19. Jahrhundert gab es eine Bewegung, die im großen Stil die Bibel unter den Menschen verbreiten wollte. Sie sollte allen Menschen im eigenen Land und allen Völkern zur Verfügung stehen.

Innere Mission und Erweckungsbewegung

In Deutschland und Europa wurden in fast jedem Territorium Bibelgesellschaften gegründet. Ihr Ziel war es, dass jede Familie im Land eine eigene Bibel besitzt. Es wurden preiswerte Ausgaben durch die einzelnen Bibelgesellschaften hergestellt (Bild). Bei Trauungen oder zur Konfirmation wurden diese Bibeln verteilt oder man konnte sie für wenig Geld kaufen.

Menschen eine Bibel zur Verfügung zu stellen, war besonders das Ziel der **Erweckungsbewegung.** Sie hatte das Ziel der „Inneren Mission": Den Menschen im eigenen Land sollte auf verschiedenen Wegen geholfen werden. Für das leibliche Wohl schuf man die Diakonie, für das geistliche und seelische Wohl sollte das Wort Gottes allen Menschen nahe gebracht werden.

Äußere Mission

Zur selben Zeit waren Menschen davon überzeugt, dass die Bibel auch zu anderen Völkern gebracht werden soll.

Im 19. Jahrhundert wurde diese Idee im großen Stil angepackt.
Die großen europäischen Mächte gründeten in Afrika und Asien Kolonien.
Mit den Soldaten kamen oft auch Missionare (vom lateinischen „mittere" = entsenden). Sie lebten unter den Menschen, gründeten Missionsstationen, in denen es Schulen oder Krankenhäuser gab.

Missionare hatten auch immer eine Bibel im Gepäck.
Die sollte in die Sprache der Menschen im Land übersetzt werden.
Doch man musste diese Sprachen erst lernen und verstehen. Wie Martin Luther spürten die Missionare, dass Übersetzen nicht Wort für Wort geht, sondern dass man auch die Umwelt, Lebensweise und Religion des jeweiligen Volkes begreifen muss.
So versuchten sie, alles über die Menschen, ihre Kultur und Lebensweise herauszufinden, damit die Bibel so gut wie möglich in deren Sprache übersetzt werden konnte.

Gute Übersetzungen gelangen nur den Missionaren, die sich ganz auf die Menschen einlassen konnten.

☞ Versuche, mehr über das Thema „Mission" herauszufinden.

Übersetzung in Sprachen weltweit

Die Bibel ist das meistübersetzte Buch der Welt.
2006 liegt sie in knapp 2400 Sprachen vor.
Bei jeder Bibelübersetzung stellt sich die Frage:
Wie übersetzt man die Bibel richtig, damit die Menschen in ihrer
Kultur sie richtig verstehen?

Bereits 1663 erschien schon eine Bibel in einer indianischen
Sprache durch den Missionar John Elliot.
Bei dem Gleichnis von den „Zehn Jungfrauen" (Mt 25, 1 – 12) hatte er ein Problem.
Die Indianer kannten zwar, dass Männer in bestimmten Zeiten enthaltsam sein soll-
ten, aber sie kannten dies nicht bei Frauen.
So übersetzte Elliot das Gleichnis mit „Die Zehn enthaltsamen Männer".

Ein weiteres Beispiel:

Im Matthäusevangelium (Mt 9, 1 – 8) sagt Jesus zu einem Lahmen:
„Nimm dein Bett und geh heim."
Für uns klingt dies merkwürdig. Betten sind schwer und man muss zumeist zu zweit
anpacken, um ein Bett mit Matratze und Lattenrost zu bewegen.

Ich dachte, Bett heißt „ode",
daher schrieb ich es so hin.
Eines Tages sprach mich ein Afri-
kaner an:
„Wie willst du ein Bett wegtragen
können?
Hast du noch nie bei uns ein Bett
gesehen?"
Er führte mich in eine Hütte.
Dort stand das Bett.
Es war ein erhöhter Boden aus
getrocknetem Lehm.
Also musste ich nach einem bes-
seren Wort suchen.
Ich nahm „uvene", Schlafmatte.
Auch das war nicht das richtige
Wort.
In der Geschichte heißt es ja, dass
man den Kranken auf seinem Bett
zu Jesus gebracht hatte.
Am Ende fand ich das passende
Wort.
Es war „odooro" – „Trage".

Noch schwieriger wird es, wenn es mehrere
Ausdrücke für Bett in einer Sprache gibt.
So berichtet ein Missionar, der diese
Bibelstelle in die afrikanische Sprache Igbira
übersetzte:

☞ Was zeigt diese Geschichte über
Probleme, die es bei einer Übersetzung zu
lösen gilt?

☞ Heute unterstützen viele Menschen die „Weltbibelhilfe". Sie fördert Überset-
zungsprojekte weltweit. Welche Gründe kann es geben, dass jemand haben
möchte, dass andere in ihrer Sprache die Bibel lesen können?

Bibel heute: Bibel in gerechter Sprache

Zum Reformationstag 2006 erblickt eine neue Bibel das Licht der Welt:
Die Bibel in gerechter Sprache.
Koordinatorin des Projekts ist Hanne Köhler.
Sie erläutert, woran sich die Bibel orientiert:

> ... **dem Original gerecht zu werden**
> ... **Geschlechtergerechtigkeit**
> ... **Gerechtigkeit im Blick auf den jüdisch-christlichen Dialog**

Geschlechtergerechtigkeit meint, dass in der Übersetzung die in den Texten genannten und mitgemeinten Frauen sichtbar und so auch Frauen heute angesprochen werden. Dazu als Beispiel der erste Vers aus dem 16. Kapitel des Briefes an die Gemeinde in Rom:

Übersetzung Lutherrevision 1984	aus der Werkstatt der „Bibel in gerechter Sprache"	Einheitsübersetzung 1980
1 Ich befehle euch unsere Schwester Phöbe an, die im Dienst der Gemeinde von Kenchreä ist.	1 Ich möchte euch unsere Schwester Phöbe vorstellen. Sie ist Diakonin der Gemeinde in Kenchreä.	1 Ich empfehle euch unsere Schwester Phöbe, die Dienerin der Gemeinde von Kenchreä.

Im griechischen Original steht hier, dass Phöbe „diakonos" war. In der Bibel in gerechter Sprache wird deutlich, dass hier eine Frau eine gemeindeleitende Funktion einnimmt. Ebenso wird in Vers 7 eine Frau mit Namen Junia als hervorragend unter den „apostolois" bezeichnet – also gab es auch eine Apostelin.

Gerechtigkeit im Hinblick auf den jüdisch-christlichen Dialog ...
... das heißt, dass die Übersetzung dem jüdisch-christlichen Gespräch gerecht werden soll. Es soll deutlich werden, dass Jesus ein Jude war und es sich bei der Bibel fast durchgängig um jüdische Schriften handelt. Das bedeutet, vielfach Texte gegen ihre antijudaistische Auslegungstradition zu übersetzen. Im konkreten Beispiel geht es darum, nicht wegzuübersetzen, dass Jesus sich wie ein frommer Jude kleidete.

Übersetzung Lutherrevision 1984	aus der Werkstatt „Bibel in gerechter Sprache"	Einheitsübersetzung 1980
Mt 9, 20 Und siehe, eine Frau, die seit zwölf Jahren den Blutfluss hatte, trat von hinten an ihn heran und berührte den Saum seines Gewandes. 21 Denn sie sprach bei sich selbst: Könnte ich nur sein Gewand berühren, so würde ich gesund. 22 Da wandte sich Jesus um und sah sie und sprach: Sei getrost, meine Tochter, dein Glaube hat dir geholfen. Und die Frau wurde gesund zu derselben Stunde.	Mt 9, 20 Und seht, eine Frau, die schon zwölf Jahre an Blutungen litt, näherte sich von hinten und berührte die Schaufäden an seinem Mantel. 21 Denn sie sagte sich: „Wenn ich nur seinen Mantel berühre, werde ich gerettet." 22 Aber Jesus wandte sich um, sah sie an und sagte: „Hab wieder Mut, Tochter! Es ist dein Vertrauen, das dich gerettet hat." Und seit dieser Stunde war die Frau gerettet.	Mt 9, 20 Da trat eine Frau, die schon zwölf Jahre an Blutungen litt, von hinten an ihn heran und berührte den Saum seines Gewandes; 21 denn sie sagte sich: Wenn ich auch nur sein Gewand berühre, werde ich geheilt. 22 Jesus wandte sich um, und als er sie sah, sagte er: Hab keine Angst, meine Tochter, dein Glaube hat dir geholfen. Und von dieser Stunde an war die Frau geheilt.

☞ Vergleicht die Übersetzungen und klärt, wo Unterschiede liegen.

☞ Besprecht miteinander die Orientierungspunkte der „Bibel in gerechter Sprache".
    Was leuchtet euch daran ein, womit habt ihr vielleicht Probleme?

☞ Suche weitere Informationen unter www.bibel-in-gerechter-sprache.de.

Bibel heute: BasisB

Bei unserer Bibelübersetzung fragen wir uns:
Wie kann jungen Menschen die Bedeutung der
Bibel für ihr Leben glaubwürdig und verständlich
näher gebracht werden?

Sie sollen die Schnittmengen zwischen ihrer Welt
und der Welt der Bibel entdecken können: und
zwar in den Medien, die „ihre" Medien sind.
Dabei herausgekommen ist eine neue Bibelübersetzung und ein Konzept, das einen neuen Zugang
zur Bibel ermöglicht.
Die Bibelübersetzung heißt „Basisbibel".
Ihre Merkmale sind:

- eine einfache Sprache
- eine große Nähe zum Urtext
- viele multimediale Zusatzinformationen,
- eine moderne Textgestaltung.

Das Konzept, das über CD-Rom, Buch und Internet den Zugang zur Basisbibel leichter macht,
heißt BasisB.
Unser Wunsch ist, dass es jungen Menschen damit
leichter wird, Himmel und Erde zusammenzubrin-
gen, und dass sie in der Bibel „Grund genug zu
leben" finden.

Christian Brenner

Mk 16,1
Als der Sabbat vorbei war,
kauften Maria aus Magdala,
Maria, die Mutter von Jakobus,
und Salome duftende Öle.
Sie wollten die Totensalbung vornehmen.
2 Ganz früh am ersten Wochentag
kamen sie zum Grab.
Die Sonne ging gerade auf.
3 Unterwegs fragten sie sich:
»Wer kann uns den Stein
vom Grabeingang wegrollen?«
4 Doch als sie aufblickten zum Grab,
sahen sie, dass der große, schwere Stein
schon weggerollt war.
5 Sie gingen in die Grabkammer hinein.
Dort sahen sie einen jungen Mann
auf der rechten Seite sitzen,
der ein weißes Gewand trug.
Die Frauen erschraken sehr.
6 Aber er sagte zu ihnen:
»Ihr braucht nicht zu erschrecken.
Ihr sucht Jesus aus Nazaret,
der gekreuzigt worden ist.
Gott hat ihn vom Tod auferweckt,
er ist nicht hier.
Seht, da ist die Stelle,
wo sie ihn hingelegt hatten.
7 Macht euch auf! Sagt es seinen Jüngern
und besonders Petrus:
Jesus geht euch nach Galiläa voraus.
Dort werdet ihr ihn sehen,
wie er es euch gesagt hat.«
8 Da flohen die Frauen aus dem Grab
und liefen davon.
Sie zitterten vor Angst
und sagten niemandem etwas,
so sehr fürchteten sie sich.

BasisB, Vorläufige Fassung, Dez. 2005

☞ Vergleicht den Text aus Mk 16 mit der
Bibelübersetzung Luthers. Was ist anders?

☞ Die Absätze sind gewollt.
Was bewirken sie?

☞ Überlegt, wie das, was oben über das Projekt
gesagt wird, in den Text einfließt?

☞ Suche weitere Informationen unter
www.basisbibel.de.

Der lange Weg der Bibel

Ordne folgende Bilder den einzelnen Phasen der Entstehung der Bibel zu.
Als Hilfe findest du unten einen biblischen Namen, der nur ergänzt werden muss.

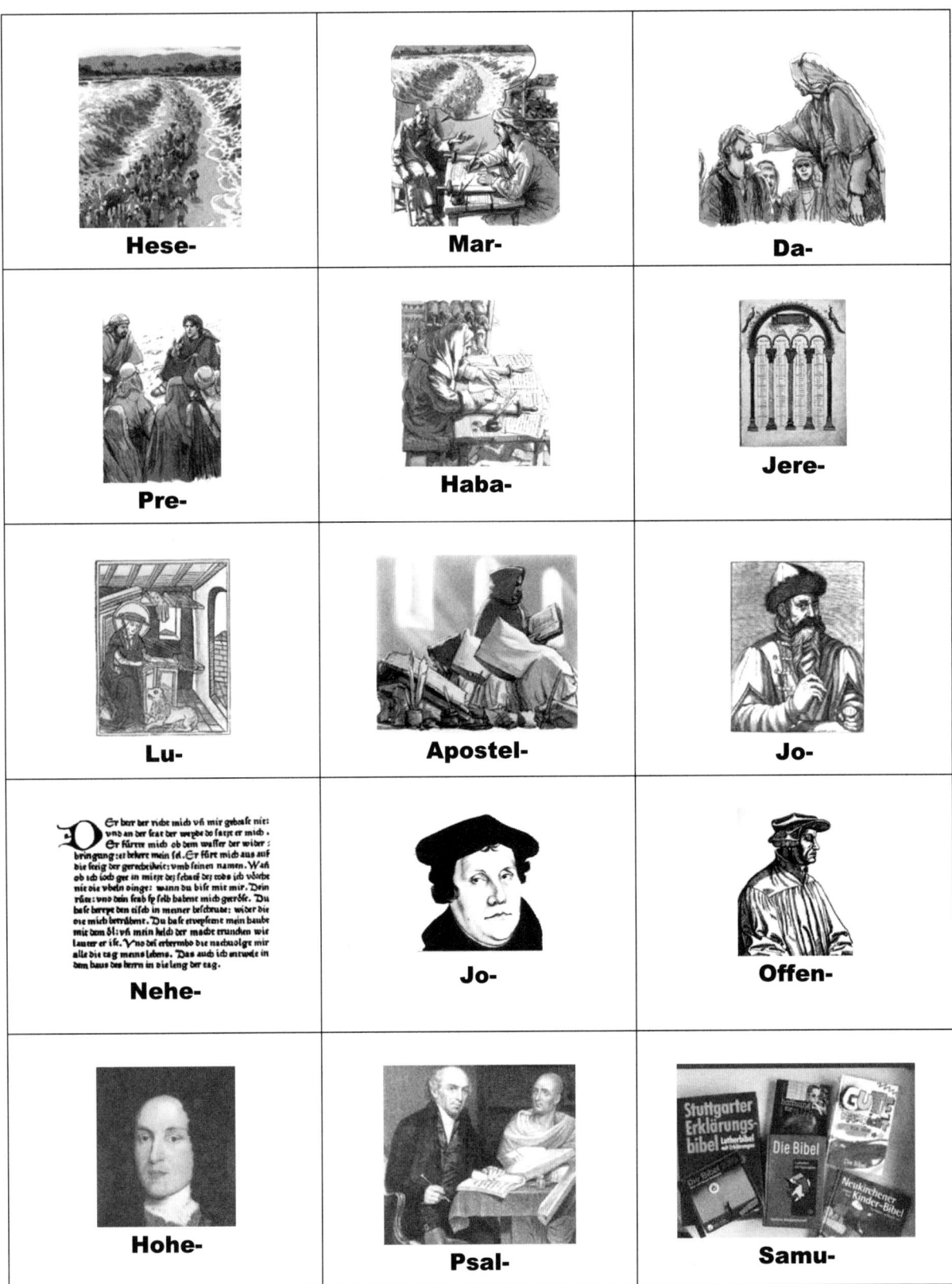

Hese-	**Mar-**	**Da-**
Pre-	**Haba-**	**Jere-**
Lu-	**Apostel-**	**Jo-**
Nehe-	**Jo-**	**Offen-**
Hohe-	**Psal-**	**Samu-**

2200–1000 vor Christus Menschen hatten Erlebnisse mit Gott, wie die Befreiung aus der Sklaverei in Ägypten. Daran erinnerte man sich lange und erzählte sie weiter. **-kiel**	**Um 1000 v. Chr.** Schreiber sammelten im Auftrag des Königs Erzählungen des Volkes, wie die vom Auszug aus Ägypten, und schrieben sie in einem Geschichtswerk auf. **-kus**	**Um 30** Jesus zog durchs Land und heilte Menschen. Er erzählte davon, wie nach Gottes Willen eine gute und gerechte Welt aussehen soll. **-niel**
zwischen 30–60 Die Menschen erzählen Geschichten von Jesus weiter. Sie wandern von Ort zu Ort und es entstand vermutlich eine Sammlung von Worten Jesu. **-diger**	**50–150** Berichte über Jesus, Briefe der Apostel und Offenbarungen wurden niedergeschrieben. **-kuk**	**um 370** Aus all den Schriften, die im Umlauf waren, wurden 27 als das Neue Testament festgelegt. Nun stand der Kanon, der Umfang der Bibel, fest. **-mia**
um 400 Die ersten Übersetzungen der Bibel in Volkssprachen wurden angefertigt. Dies waren die Übersetzung des Hieronymus ins Lateinische und die Übersetzung des Ufila ins Gotische. **-kas**	**800–1450** Mönche schrieben im Mittelalter in Skriptorien die Bibel nach bestimmten Regeln ab. Eine vollständige Bibel hatte damals einen unermesslichen Wert. **-geschichte**	**1455** Johannes Gutenberg fertigte die erste gedruckte Bibel an. Der Erfinder der beweglichen Lettern starb verarmt, wurde aber 1999 zum Mann des Jahrtausends gekürt. **-sua**
1466 Johann Mentelin stellte 1466 die erste deutsche Bibel her. Sie war die erste Bibel, die in einer Volkssprache gedruckt wurde. Aber ihr Text war schwer zu verstehen. **-mia**	**1522** Martin Luther übersetzte als Ester die Bibel nicht mehr Wort für Wort aus dem Lateinischen, sondern aus den Ursprachen. Auch schrieb er so, dass viele Menschen die Bibel verstanden. **-na**	**1530** Der Schweizer Reformator Huldrych Zwingli konnte vier Jahre vor Martin Luther die erste Bibel veröffentlichen. Man nennt sie Zürcher Bibel. **-barung**
Erste Bibelanstalt 1710 Die Bibel wird ein Volksbuch. 1710 wurde in Halle durch Freiherr von Canstein eine Bibelanstalt gegründet, die preiswerte Bibeln druckte. Sie kosteten so viel wie ein Paar Schuhe. **-lied**	**Bibelmission** Im 19. Jahrhundert wurden zur Verbreitung der Bibel Bibelgesellschaften gegründet. Bisher ist die Bibel in knapp 2400 Sprachen übersetzt worden. **-men**	**Heute** Heute ist die Bibel das am meisten verbreitete Buch der Welt. Wichtige Bibelausgaben bei uns sind die Lutherbibel, die Einheitsübersetzung und die Gute Nachricht Bibel. **-el**

Kreativideen

aus der Pfälzer Kinder-Bibel

z. B. Zeitungscollage zur Schöpfungsgeschichte, getöpferte Szene „Garten Getsemane", Theaterstück: Jesus und die Kinder und Jeremia-Comic.

IV. Wege der Orientierung

Wege der Orientierung mit der Bibel können ganz unterschiedlich sein. So gehört zum einen dazu, zu klären, welche Rolle die Bibel als Lebensbuch und „Heilige Schrift" bei einem selbst und bei anderen spielt. Weitere Wege, sich intensiver mit der Bibel zu beschäftigen, sind Kreativideen.

Bausteine:

Rund um die Bibel

Thema	Kurzbemerkungen	Schwierigkeit	Seite
Auf der Suche nach ...	Die Bibel als Orientierungsmöglichkeit für Lebensfragen – so einfach kommt das manchem nicht in den Sinn. Dies bestätigt auch die Umfrage, wer wohl die Bibel mit auf eine einsame Insel mitnehmen würde.	▱▱	152
Wer suchet, der findet ...	Zitate von D. Bonhoeffer und K. Barth legen nahe, der Bibel auch etwas zuzutrauen. Nur wer in ihr etwas sucht, wird fündig. Die Lernenden sollen sich mit den Zitaten auseinander setzen und Stellung nehmen.	▱▱	153
Die Bibel – mehr als ein Buch	Anhand der beiden Zitate von H.D. Hüsch und S. Kierkegaard kann erschlossen werden, dass die Bibel mehr sein kann als ein Buch.	▱▱	154
Die Bibel als Lebensbegleiterin	Zwei Einträge in historische Bibeln geben Einblick in ihre Rolle als Lebensbegleiterin. Lernende können sich selbst auf die Suche machen, ob sich in ihrem Familienbesitz oder in einem Archiv eine solche Lebensbegleiterin findet.	▱▱	155
Die Bibel im Vergleich	Anhand der Vergleiche aus jüdischer Tradition kann die Bedeutung der Bibel für Menschen mit Hilfe von Bildern (Feige und Hammer) diskutiert werden.	▱	156
Heilige Schriften	Jede große Weltreligion hat eine grundlegende Heilige Schrift. Mit älteren Lernenden, die schon „Weltreligionen" als Thema hatten, lohnt ein Vergleich der Schriften zur Orientierung.	▱▱▱	157
Was ist alles Bibel?	Derzeit boomt inflationär der Name „Bibel" in den Buchläden, von der Hacker-, der Single- bis hin zur Öko-Bibel. Es kann dabei die Frage diskutiert werden, ob der Titel „Bibel" nicht geschützt werden sollte.	▱▱	158
Worauf gibt die Bibel Antwort?	Die Bibel antwortet nicht auf alle Fragen. Anhand der Karikatur mit den Lernenden soll ermittelt werden, worauf die Bibel Antworten geben kann.	▱▱	158
Bibel – in und out	Ob bestimmte biblische Grundaussagen „out" sind, wird vorschnell geschlossen. Hier sollen die Lernenden anhand konkreter biblischer Aussagen zu ihrem Urteil gelangen.	▱	159
Was kann ich glauben?	Grundaussagen der Bibel werden kommentiert, eingeschätzt und, am besten in Kleingruppen, miteinander diskutiert.	▱▱	160
Bibelblatt exklusiv	Am Beispiel einer Übertragung von Passagen der Bergpredigt in Form eines Zeitungsberichts können Lernende eine solche Umsetzung mit dem Bibeltext vergleichen und beurteilen. Alternativ kann selbst ein Artikel für das „Bibelblatt" geschrieben werden.	▱	161f.

Bibel kreativ

| Kreativideen rund um die Bibel | Hier werden einige Kreativideen rund um die Bibel und vorgestellt:
▱ Texte kalligraphisch gestalten und kreativ schreiben
▱ Interview als Hörsendung, Videoclip oder Talkshow
▱ Bibelcomic zeichnen
▱ Projekt „Kunst in der Bibel"
▱ Bibel in eigene Mundart übertragen
▱ Bibellieder oder Bibel-Rap schreiben
▱ Titelblatt einer Bibel anmalen oder ein eigenes gestalten. | ▱ | 163ff. |

Auf der Suche nach ...

Viele sind auf der Suche nach Orientierung.
Sie suchen nach Antwort auf Lebensfragen und
danach, was man über Gott wissen kann.

☞ Wo suchen viele Menschen heute nach Antworten
auf Sinn- und Lebensfragen?

☞ Welche Rolle spielt dabei die Bibel?

Bei einer Umfrage unter 2000 Jugendlichen vor wenigen Jahren antworteten auf die
Frage, was sie mitnehmen würden, wenn sie auf einer einsamen Insel landen würden:

- 1000 :   Unterhaltungselektronik
- 60 :   Die Bibel

☞ Was würdet ihr alles mitnehmen?

☞ Was könnten sich Menschen davon versprechen, eine Bibel mit auf die Insel zu
nehmen?

Wer suchet, der findet ...

Zwei Menschen, die sagen: Man muss von der Bibel auch etwas erwarten.

Der eine ist Dietrich Bonhoeffer, ein Pfarrer, der kurz vor dem Ende des Zweiten Weltkrieges von den Nationalsozialisten umgebracht wurde.
Der andere ist Karl Barth, Theologieprofessor in Basel und einer der bedeutendsten Theologen des 20. Jahrhunderts.

Wir werden in der Bibel immer gerade so viel finden,
als wir suchen.
Großes und Göttliches,
wenn wir Großes und Göttliches suchen.
Wichtiges und Historisches,
wenn wir Wichtiges und Historisches suchen.
Überhaupt nichts,
wenn wir überhaupt nichts suchen.

Karl Barth

Ich glaube, dass die Bibel allein die Antwort
auf alle unsere Fragen ist, und dass wir nur anhaltend
und etwas demütig zu fragen brauchen,
um die Antwort von ihr zu bekommen.
Die Bibel kann man nicht einfach lesen
wie andere Bücher.
Man muss bereit sein, sie wirklich zu fragen.
Nur so erschließt sie sich.
Nur wenn wir letzte Antwort von ihr erwarten,
gibt sie sie uns.
Das liegt eben daran,
dass in der Bibel Gott zu uns redet.
Und über Gott kann man eben nicht so einfach von
sich selbst aus nachdenken,
sondern man muss ihn fragen.
Nur wenn wir ihn suchen, antwortet er.

Dietrich Bonhoeffer

☞ Worum geht es den beiden Theologen?

☞ Was denkst du über diese Einstellung?

Die Bibel – mehr als ein Buch

Hanns Dieter Hüsch, ein Kabarettist, prägte einmal folgenden Satz:

Die Bibel ist für mich
wie ein täglich Brot.
Mit der Bibel an meiner Seite,
das heißt mit Gott in meiner Nähe,
bin ich getröstet und gestärkt.
Die Bibel ist mehr als ein Buch.

☞ Was meint wohl Hanns Dieter Hüsch mit „täglich Brot" und „mehr als ein Buch"?

☞ Kennst du Geschichten oder Texte aus der Bibel, die Hintergrund für seine Aussagen sein könnten?

☞ Wie schätzt du selbst diese Aussagen von Hanns Dieter Hüsch ein?

Der dänische Philosoph Sören Kierkegaard prägte einmal folgenden Satz über die Bibel:

Die Bibel ist nicht dazu da, dass wir sie kritisieren,
sondern dass sie uns kritisiert.

☞ Was meint der Philosoph wohl mit diesem Satz?

Die Bibel als Lebensbegleiterin

Ein Mädchen namens Katharina Wüst schrieb vor 150 Jahren in ihre Bibel:

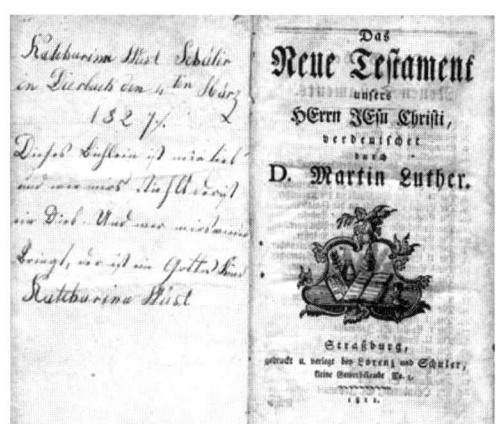

„Dies Büchlein ist mir lieb,
und wer mirs stiehlt,
der ist ein Dieb
Und wer mirs wiederbringt,
der ist Gottes Kind."

In einer anderen Bibel finden sich folgende Hinweise:

„Diese Bibel ist alt gewesen 296 Jahr, wie ich, Jakob Heft, diese hab einbinden lassen. Und hat mich gekostet 2 Gulden und 42 Kreuzer, aber dieses ist zu bemerken, dass von den ersten Eigentümern dieser Bibel keine Namen hineingeschrieben gehabt, welches doch betrübt ist, weil man in so einem alten Buche keinen Preis des Kaufs und sonst nichts erfahren kann.
Das älteste Schreiben in diesem Buch ist Anno 1681, den 28. Januar, da sich ein großes ungestümes Wetter erhoben, dass sie geglaubt, es sei ein Erdbeben gewesen, aber sonst keine Namen und nichts dabei. Aber ich glaube, dass sie anfänglich einem Geistlichen war.
Das andere ist gewesen 1709, den 24. Christmonat, Hans Michel Stoebner, aber sonst nichts. Aber ich glaube, dass sie diesem gewesen ist.
Das dritte ist Anno 1764, den 11. Mai, ist der Michel Funck und Johannes Schüssler in das Neuland oder in Amerika, welches in unseren Jahren aber nichts neues mehr ist, dieweil aus allen Dörfern alle Jahre da hingehen.
Das 4. Anno 1784, den 23. August, hat dem Johann Adam Heft seine Frau Mariagretha Funck diese Bibel von ihrem Vater, Johann Adam Funck ererbt. [...]
5. 1798 hab ich, Georg Adam Heft, diese Bibel von meinem Vater, Hans Adam Heft, ererbt.
6. Anno 1827 habe ich, Jakob Heft, diese Bibel von meinem Vater, Georg Adam Heft ererbt und hab sie wieder binden lassen Anno 1837, den 11. September.

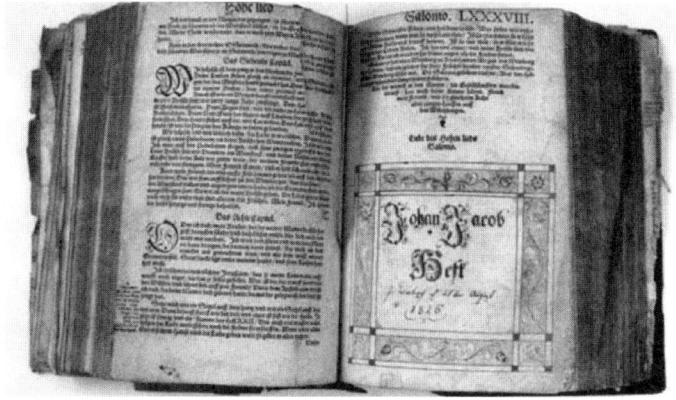

Heute, den 21. Januar 1840 dieses Abend von 5 bis ½ 7 Uhr hat sich ein so großes Wetter erhoben, mit einem mächtigen, starken Wind, den Tag vorher sowie dann um jene Zeit so grausam gewittert hat, dass Wiesen und Erde verschlammt wurden. [...]"

☞ Welche Rolle spielen diese Bibeln im Leben der Menschen, die dies alles eingetragen haben?

☞ Mach dich selbst auf die Suche nach einer solchen Bibel mit Eintragungen – in der Familie oder anderswo. Diese beiden Bibeln stammen aus einem kirchlichen Archiv.

Die Bibel im Vergleich

Im Judentum gibt es viele Bildworte, wie man die Bibel beschreibt.
Hier zwei Beispiele:

Die Bibel als Feigenbaum

In jüdischer Tradition vergleicht man
die Tora mit einem Feigenbaum.
Die Tora sind die fünf Bücher Mose,
die wichtigste Schrift im Judentum.

> Jede Frucht hat
> einen nicht essbaren Teil:
> Bei Datteln ist dies der Kern,
> bei Trauben sind es die kleinen Kerne,
> bei Granatäpfeln die Samen –
> nur die Feige ist eine
> gänzlich essbare Frucht.
> So ist es auch mit der Tora:
> sie ist im Ganzen genießbar.

Die Bibel als Hammer

Ein anderer Vergleich findet sich in der Bibel selbst.
So steht beim Propheten Jeremia (23, 29):

> Mein Wort brennt wie Feuer.
> Es ist wie ein Hammer,
> der Felsen zerschlägt.

Von einem jüdischen Ausleger ist Folgendes zu dem Spruch überliefert:
„Was geschieht, wenn der Hammer auf einen Felsen prallt?
Funken sprühen! Ein jeder Funke ist das Ergebnis eines Hammerschlages auf den Felsen. Aber kein Funke ist das einzige Ergebnis.
So kann auch jeder Schriftvers viele verschiedene Lehren vermitteln."

☞ Wie schätzt du diese beiden Vergleiche ein?

☞ Womit würdest du die Bibel vergleichen?

Heilige Schriften

Fast jede große Religion hat so etwas wie eine Heilige Schrift.
☞ Finde heraus, zu welcher Religion die jeweilige Heilige Schrift gehört.
☞ Wird die Schrift in der Originalsprache oder in einer Übersetzung gelesen?
☞ Welche Rolle spielt in der Religion die Heilige Schrift?

 Bibel

 Tora

 Koran

 Veden (Rigveda)

 Bhagavad-Gita

Was ist heute alles Bibel?

Das Wort Bibel wird heute sehr vielfältig verwendet.
So gibt es zum Beispiel eine Egoisten-, eine Single-, eine Benimm-, eine Bio-, eine Hacker- oder PlayStation-Bibel.

☞ Was denkst du: Warum verwenden die Autoren oder Verlage hier den Begriff „Bibel"?

☞ In anderen Religionen achtet man strenger darauf, dass man das Wort für die Heilige Schrift in Ehren hält. Ein „Bio-Koran" würde wohl größte Proteste hervorrufen.
Denkst du, man sollte den Begriff „Bibel" schützen?

Worauf gibt die Bibel Antworten?

☞ Welches Problem zeigt der Karikaturist auf?

Bibel – in und out

Die Bibel ist voll von Ideen und Ratschlägen, die zu bestimmten Zeiten vielleicht mehr, in anderen Zeiten weniger gelten.
Überprüft folgende Bibeltexte.
Sind sie heutzutage eher **in oder out?**

Bibelstelle	in, weil ... – out, weil ...
Einer trage des anderen Last ... Gal 6, 2	
Sie werden ihre Schwerter zu Pflugscharen und ihre Spieße zu Sicheln machen. Micha 4, 3	
Wenn zwei unterwegs sind und einer hinfällt, dann hilft der andere ihm wieder auf die Beine. Pred 4, 9 – 10	
Du sollst den Herrn, deinen Gott, lieben von ganzem Herzen, von ganzer Seele, von allen Kräften und von ganzem Gemüt, und deinen Nächsten wie dich selbst. Lk 10, 27	
So gebt dem Kaiser, was des Kaisers ist, und Gott, was Gottes ist. Mt 22, 21	
Sucht zuerst nach dem Reich Gottes und nach seiner Gerechtigkeit, so wird euch alles zufallen. Mt 6, 33	
Alles nun, was ihr wollt, dass euch die Leute tun, das tut ihnen auch. Mt 7, 12	
Du sollst der Menge nicht auf dem Weg zum Bösen folgen ... Ex 23, 2	
Ein guter Ruf ist köstlicher als großer Reichtum und ein anziehendes Wesen besser als Silber und Gold. Spr 22, 1	

Was kann ich glauben?

In der Bibel finden sich viele Grundaussagen über
Gott und die Menschen, wie die Karikatur zeigt.
Was kannst du glauben?
Schreibe links „ja", „nein" oder „weiß nicht".
Rechts kannst du einen Kommentar dazu eintragen.

	Die Welt ist nicht durch Zufall ent-standen, sondern Gott hat die Welt erschaffen.	
	Die Menschen sind nicht schutzlos, sondern sie werden immer wieder durch Gott behütet.	
	Gott will Freiheit für die Menschen und hat daher die Israeliten befreit.	
	Gott spricht durch Menschen, um mitzuteilen, was er möchte und wo er gegen Unrecht Einspruch erhebt.	
	Jesus hat Kranke geheilt.	
	Jesus hat den Menschen wichtige Ratschläge für ihr Leben gegeben.	
	Es gibt ein Leben nach dem Tode.	
	Jesus ist Gottes Sohn.	
	Jesus ist auferstanden.	
	Gott wird die Welt erlösen.	

Bibelblatt exklusiv

Es gibt viele Versuche, die biblische Botschaft ins Gespräch zu bringen.
Lies folgende, als Zeitungsmeldung aufgemachte Bibelstelle. Vergleiche sie mit den beschriebenen Texten der Bergpredigt, besonders mit Mt 5, 1–12 und Mt 5, 38– 42.

Die Botschaft hör ich wohl

Jesus stellt unglaubliche Forderungen

BIBELBLATT EXKLUSIV

In seiner ersten Grundsatzerklärung hat Jesus von Nazaret die Armen und Besitzlosen in den Mittelpunkt gestellt. Seine Rede forderte jedoch zugleich zu einem ethischen Verhalten auf, das vielen als völlige Überforderung erscheint.

„Ich halte ihn nicht für besonders realistisch", sagte ein Zuhörer. „Er redete des öfteren davon, man müsse 'seine Feinde lieben'. Was soll nun das? Sobald man sie liebt, sind es keine Feinde mehr, oder? Dann muß man sich neue suchen, und das ist gar nicht so leicht."

Arme

Jesus unterstrich besonders die Bedeutung der Armut. „Selig sind die Armen", begann er seine Rede, „denn ihrer ist das Himmelreich".

Diese Botschaft fand breite Zustimmung bei seinen Zuhörern, auch wenn nicht alle seinen Ausführungen folgen konnten.

Aber nach diesem verheißungsvollen Einstieg stellte er immer neue Forderungen.

„Er behauptete, es sei genauso schlimm, an Mord zu denken, wie ihn tatsächlich auszuführen", sagte ein wütender Zuhörer. „Es war unglaublich. Ich hätte ihn umbringen können."

Zahnärzte

Auch die Zahnärzte gingen auf die Barrikaden, als er sich gegen Rache aussprach.

„Im Buch Exodus heißt es klipp und klar: Auge um Auge und Zahn um Zahn", sagte einer von ihnen. „Jetzt kommt ein Jesus daher und sagt, wir sollten alles anders machen. Es ist eine Schande. In Rachefällen haben wir Zahnärzte besondere Gebührensätze. Wenn es nach ihm geht, haben wir drastische Einkommenseinbußen."

Andere äußerten sich wohlwollender.

„Ich bin der Meinung, daß der Mann schon irgendwo recht hat", sagte einer. „Sie brauchen bloß in die letzten Jahrgänge des BIBELBLATTES zu schauen, und Sie können auf jeder Seite nachlesen, wohin dieser Racheunfug führt. Wenn wir fähig würden, einander zu vergeben und uns nicht gegenseitig zu verurteilen, dann könnten wir die Welt vielleicht wirklich verändern."

☞ Denkst du, dass eine solche Präsentation der Bibel angemessen ist?

Bibel-Zeitung

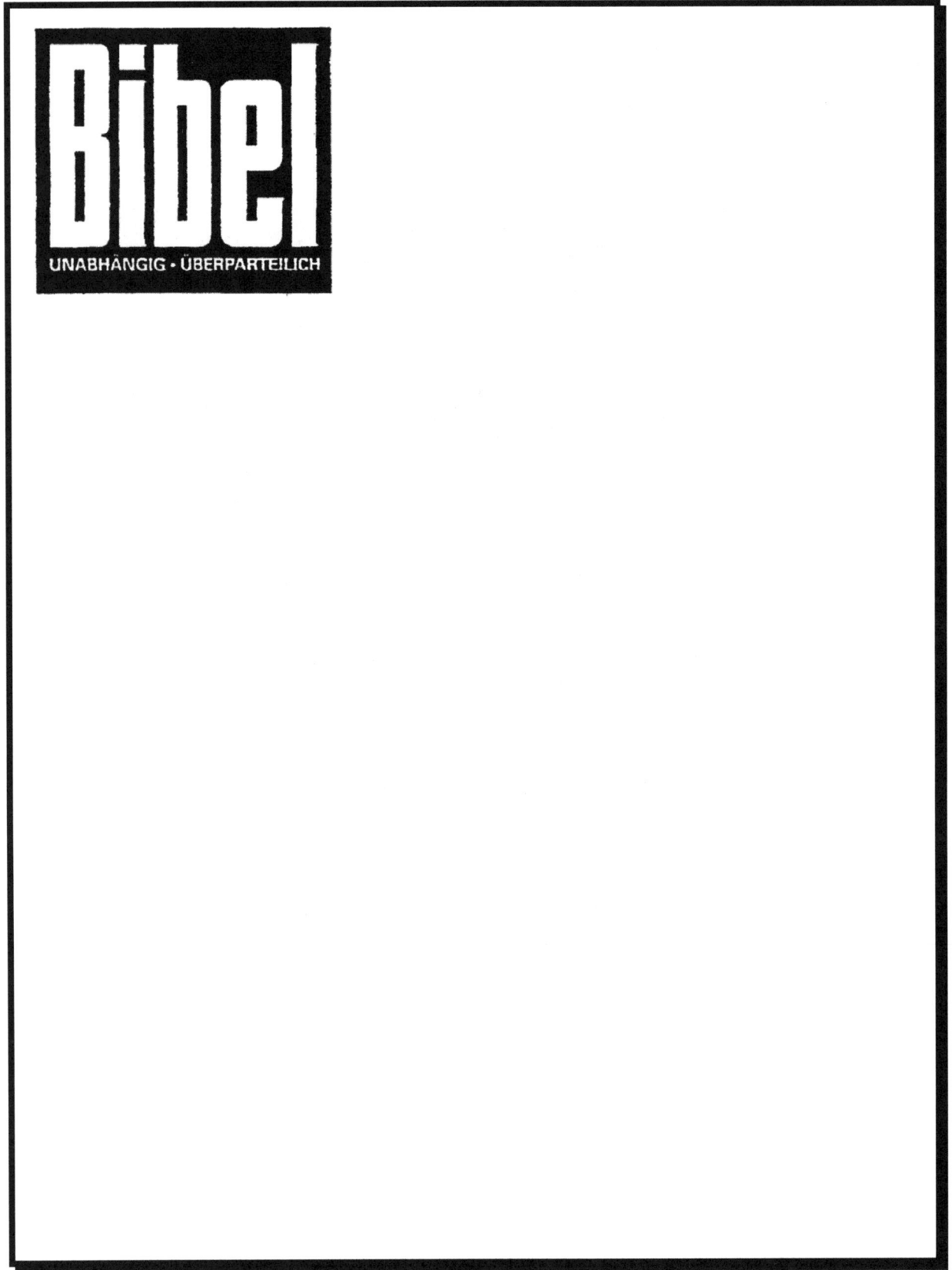

☞ Schreibe einen Artikel für die Bibel-Zeitung.
Suche dazu einen Bibeltext und formuliere ihn um.

Texte kreativ schreiben

☞ Versucht einmal, biblische Texte in Schönschrift oder einer Kunstschrift (kalligrafisch) abzuschreiben. Das langsame Schreiben hilft, den Text neu und intensiver wahrzunehmen.

☞ Eine weitere Möglichkeit ist das kreative Schreiben. Das Beispiel unten ist eine Zusammenfassung vieler Bibelstellen in einer Figur.

Interview mit ...

☞ Sucht euch eine biblische Person und macht mit ihr ein Radio-Interview.
Ihr könnt dies dann auf Kassette oder MP3 aufnehmen.
Überlegt, wie ein Reporter ein Interview im Radio einleitet.

Ein Beispiel:

„Meine Damen und Herren: Die halbe Welt zu Fuß zu durchqueren, nur um den
Menschen zu predigen? Wer würde das heute noch?
Wir haben heute zu Gast einen, der dies getan hat.
Saulus ist sein Name, doch viele kennen ihn unter dem Namen Paulus.
Herr Paulus, sagen Sie uns kurz,
wie sind Sie auf die Idee gekommen, sich auf den Weg zu machen ...

Videoclip zur Bibel

☞ Sucht euch eine biblische Geschichte aus.
Erstellt zu ihr einen Videoclip.
Ihr könnt dazu ein Lied als Hintergrundmelodie auswählen,
das eurer Ansicht nach am besten dazu passt.
Überlegt dabei, ob ihr das Stück pantomimisch oder als
Kurzanspiel spielen wollt.

Bibel–Talkshow

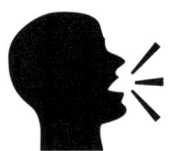

☞ Ladet in eine Talkshow mehrere biblische Gäste ein.
Sie sollen ihr Leben darstellen und was sie zu sagen haben.

Zum Beispiel:
Bekannte Gestalten wie
Noah, Abraham, Moses, Jesus oder Paulus
oder auch unbekanntere wie
einen der Söhne Noahs, Sara, Aaron, Amos oder auch Judas.

Bibel-Bildergeschichte zeichnen

☞ Viele biblische Geschichten eignen sich auch, als Bildergeschichte oder als Comic gezeichnet zu werden.

☞ Was haltet ihr davon, Bibelgeschichten auf diese Weise umzusetzen?

☞ Ihr könnt auch selbst anhand einer Bibelgeschichte versuchen, eine Bildergeschichte oder einen Bibelcomic zu zeichnen.

Kunst in der Bibel

Schülerinnen und Schüler der Realschule Schifferstadt kamen auf eine spannende Idee. Sie nahmen an einem Wettbewerb zum Thema „Bibel heute" teil, bei dem sie sich mit dem Thema „Kunst in der Bibel" auseinander setzten.
Sie nahmen das Thema wörtlich.
Dazu verwendeten sie alte ausgemusterte Schulbibeln, schlugen die Textstelle auf, zu der sie etwas gestalten wollten, und schufen mit den Bibeln kleine Kunstwerke.

☞ Überlege, welche Bibelgeschichte hier wohl gemeint sein könnte:

☞ Auch ihr könnt so etwas selbst einmal versuchen.
Klebt in ein altes Buch eine Kopie einer biblischen Geschichte hinein und gestaltet eine Szene dazu.

Künstler-Bibel

Zum Jahr 2000 entstand in der Pfalz eine Künstler-Bibel, das „Pfälzer Evangeliar".
Aber nicht Künstler, sondern Kinder, Jugendliche und „normale" Erwachsene haben sie gestaltet.
Das Bild wurde zur Geschichte vom Abendmahl gestaltet.

☞ Gestaltet selbst zu ausgewählten biblischen Geschichten Bilder, Graffitis ...
Überlegt euch dabei, was das Wichtigste in der Geschichte ist, das ihr „rüberbringen" wollt.

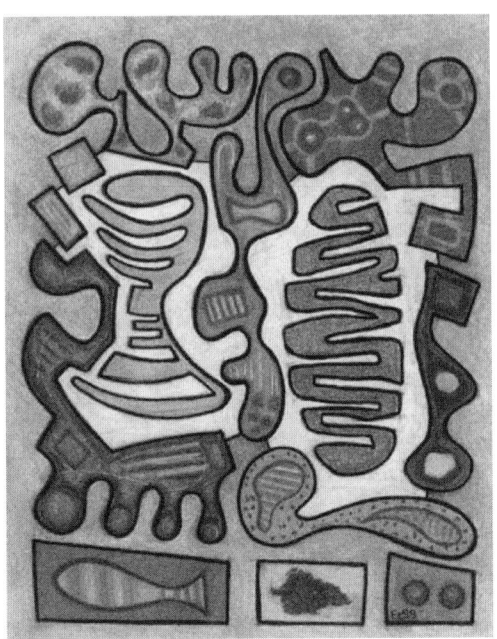

Bibel in Mundart

Es gibt viele Mundart-Bibeln, ob schwäbisch, kölsch, plattdeutsch, alemannisch, fränkisch, pfälzisch oder schweizerdeutsch. Meist werden die biblischen Geschichten nacherzählt und bekommen so eine eigene Note.

☞ Lies folgenden Text aus der „Bibel uf Pälzisch" und vergleiche ihn mit dem Gleichnis vom barmherzigen Samariter (Lk 10).

☞ Welche Vor- und Nachteile haben solche Übertragungen in eine Mundart?

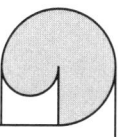

Sellemols is äner vun denne, die sich mit de Heiliche Schrifde gut auskenne, zum Jesus kumme. Der hot de Jesus g'froocht, was des Wichdigschde im Lewe is.

Do hot en de Jesus g'froocht: „Was denkscht dann du, was fer dich des Wichdigschde is, was Gott vun uns hawwe will?" Der Annere saacht: „Du sollscht Gott liewe vun ganzem Herz, un doin Nägschde, wie dich selwer aa´." „Recht hoscht", saacht de Jesus. „Awwer wer is dann moin Nägschde?", froocht do der Annere. Um dem Schriftgelehrde zu zeiche, was dodemit genau gemäänt is, hot er em ä´ Gleichnis verzählt:

„Ämol is äner unner die Raiwer g'falle. Die henn den z´ammegedrosche, ausgeraubt un dann äfach liche losse. Do is der beinoh g'storwe.
Zwee Leit vun soim eichene Volk, än Prieschder un än Tempeldiener, sinn an em vorbeig'schliche un henn em net g'holfe. Die wollden sich ihr Händ net dreckich mache. Noch denne zwee is än Samaridder kumme. Des war än Ausländer. Der hot den arme Kerl net liche losse. Er hot en versorcht, uf soin Esel ufgelade un zu änere Herberch gebrocht. Dem Wirt hot er dann noch Geld gewwe, dass er sich um den Iwwerfallene kimmert.

So – was glaabscht dann du jetzt, wer fer den arme Kerl de Nägschde war?" Do saacht de Schriftgelehrde: „Ei, der Barmherziche." Un de Jesus saacht zu em: „Du hoscht schunn widder Recht. Mach's im Lewe genau so wie der."

☞ Versuche, falls du Mundart sprichst, die Übertragung eines Textes in deine Mundart.

Bibellied oder Bibelrap
selbst schreiben

Beispiel: Das Vaterunser (Mt 6, 9–13) im Rap-Rhythmus

Vater unser im Himmel, geheiligt werde dein Name.

Dein Reich komme, dein Wille geschehe, wie im Himmel so auf Erden.

Unser täglich Brot, gib uns heute, und vergib uns unser Schuld,

wie auch wir vergeben unsren Schuldigern. und führe uns nicht in Versuchung,

sondern erlöse uns von allem Bösen.

Denn dein ist das Reich und die Kraft und die Herrlichkeit in Ewigkeit, Amen!

Beispiel: Schöpfungs-Rap selbst schreiben

Hey, Leute, hört, ich will euch was erzählen
und ich werde euch damit bestimmt nicht quälen.

Was haltet ihr von dieser Welt?
Ich kann nicht verstehn,
dass sie manchen nicht gefällt.
Am Anfang sah das alles anders aus;
zuerst war da Chaos und für uns blanker Graus.
Gott dachte bei sich, „jetzt werde es bald hell"!
und da wurd der Himmel
plötzlich ganz schön grell.
Es wurde immer nasser,
denn nun kam das Meer,
da dachte Gott bei sich, jetzt muss Land noch her.
Doch bisher sah das Land aus wie eine Wüste,
da dachte Gott bei sich, dass etwas wachsen
müsste.
Er schuf viel Grünzeug, Gras und Bäume,
doch hatte er daneben auch noch andere
Träume.
Als geschaffen waren all die Pflanzen,
da dachte er: „Es wäre schön,
zu haben auch noch Wanzen."

Im Wasser leben Tiere,
groß und klein.
Die Luft war noch sauber,
das Wasser war noch rein.
Die Vögel wurden dann
auch noch geschaffen,
am Ende kamen auch noch
eine Horde Affen.

Schließlich schuf er dann, was jetzt noch fehlt,
so kamen auch die Menschen auf diese Welt.
Sie sollten sich vermehren,
bewahren und bebauen,
und sich nicht immer die Köpfe einhauen.
Doch wenn wir heute die Welt ansehen,
kann einem schon die Lust an allem vergehen.

Gott kann heute gar nichts mehr machen.
Die Menschen tun viel zu dumme Sachen.
Die Luft ist verseucht, alles keucht und fleucht,
das Wasser ist nicht rein, wie es sollte sein.
Pflanzen sind verdorben, Tiere ausgestorben.
Schluss mit dem Elend, hier in der Gegend
und überall, auf dem Erdenball.

Jonas, Janina und Roman

☞ Sucht euch einen Text der Bibel und versucht selbst einmal einen Sprechgesang zu gestalten.

Evangelien-Titelblatt

In der Kunst werden den Evangelisten unterschiedliche Symbole zugeordnet:

- **Matthäus** bekam den Menschen als Zeichen.
  Das Evangelium beginnt mit dem Menschenkind Jesus.
- **Markus** hat den Löwen zum Zeichen,
  weil die Wüste, in der ein Löwe wohnt, am Anfang seines Berichts steht.
- **Lukas** bekam einen Stier,
  weil am Anfang der Priester Zacharias steht, der auch Stiere opferte.
- **Johannes** bekam einen Adler,
  weil das Evangelium vom Geist Gottes beflügelt sein soll.

Im Mittelalter hat man Evangelienhandschriften („Evangeliare") prunkvoll ausgestattet. Auch ihr könnt das Titelblatt beschriften und prunkvoll ausmalen.

Deine Bibel gestalten

Stell dir vor, du arbeitest in einer Werbeagentur.
Du hast den Auftrag, das Cover einer Bibel und die Werbung für sie zu gestalten.

☞ Wie würde deine Bibel aussehen?
☞ Wie würdest du ein Werbeplakat gestalten?
☞ Welche Aktionen wären nötig, um Werbung für die Bibel zu machen?

Quellen- und Bildnachweis

S. 4 Karikatur Marcus, Löwensteiner Cartoon Service, 1987/1, S. 15 (LCS 620).

S. 7–9, 13: Abbildungen von Schulbibeln, Bibelmuseum Neustadt.

S. 15: Foto Bibelhaus Neustadt, Info über Bibelzentren und Landkarte: Deutsche Bibelgesellschaft Stuttgart, Text auch ähnlich in KU Praxis 48, Heft 2.

S. 16: Tiki Küstenmacher, Löwensteiner Cartoon Service (LCS 1144), Textgrundlage Deutsche Bibelgesellschaft, www.dbg.de.

S. 23: Umfrage in Anlehnung an Horst Klaus Berg, Bibeldidaktik.

S. 24: Bertolt Brecht © akg-images.

S. 25: Werbung BILD Zeitung.

S. 26: Auszug aus dem Song „Das will ich sehn" aus Sabrina Setlur, S-Klasse.

S. 29f.: Bilder von Paula Jordan aus dem Schulbuch „Schild des Glaubens", Kassel 1949.

S. 32: Karikatur Landgraf.

S. 33: Kleinste Bibel der Welt, Bibelmuseum Neustadt.

S. 35: Abbildung Lutherbibel, Deutsche Bibelgesellschaft Stuttgart.

S. 37f.: Bibelkuchen in Anlehnung an Entwurf 92/1, Bibelsuppe aus: Bibellesebund: Rund um die Bibel, o.J., Bibelgarten: Bibelgalerie Meersburg, Materialheft.

S. 40: Bibelregal aus: Die Bibel überliefert und gelebt. Medienpaket © Theologischer Verlag Zürich.

S. 43ff.: Idee, Umsetzung und Textgrundlage der Bibelbücherei: Schulreferat Moers, Gerhard Meyer-Mintel; Umsetzung Streichholzschachtel und Biblische Tongefäße: Pfarramt für Kindergottesdienst Kaiserslautern, Urd Rust.

S. 49: Idee Bibelfußball: Entwurf 92/ 1, hier anders umgesetzt.

S. 54: „Ivan Steiger sieht die Bibel", Verlag Katholisches Bibelwerk und Deutsche Bibelgesellschaft. Zitat Mark Twain: Die Bibel überliefert und gelebt. Medienpaket © Theologischer Verlag Zürich.

S. 57: Abbildungen: Deutsche Bibelgesellschaft, Calwer Verlag und Hänsler-Verlag.

S. 58: Abbildung Herkunft unbekannt.

S. 59: Abbildung Herrnhuter Losungen 2005.

S. 60ff.: Holzschnitte Bibelmuseum Neustadt.

S. 65: Foto Landgraf.

S. 67: Abbildung: Calwer Verlag/Diesterweg-Verlag, Kursbuch Religion elementar, 2004, S. 64.

S. 68, Abbildung M. Landgraf, Erzählen im Kindergottesdienst, Rundbrief Kindergottesdienst (Pfalz), 2/1998.

S. 72: Holzschnitt aus der Zainer Bibel 1475, aus: M. Landgraf/ H. Wendland, Biblia deutsch.

S. 73: Bibelkommentar Koberger Bibel 1497, Bibelmuseum Neustadt.

S. 75: Grolik, Löwensteiner Cartoon Service (LCS 2178).

S. 78: Illustration: Peter Knorr, in Kursbuch Religion elementar,

S. 79: Abbildung Paula Jordan 1949, Bibelmuseum Neustadt.

S. 80: König David, Koberger Bibel 1483, Bibelmuseum Neustadt.

S. 89 Holzschnitt Grüninger-Bibel, aus: M. Landgraf/ H. Wendland, Biblia deutsch.

S. 92f: Abbildungen Bibelmuseum Neustadt, 92: Luther-Bibel 1545, 93: Halberstadter Bibel 1522, 94: Heilsspiegel 1475; 95: Zainer-Bibel 1475; 96: Paula Jordan 1949; 97: ebd.; 98: Pflanzmann-Bibel 1475; 99: Schnorr von Carolsfeld; 100: Albrecht Dürer 1498; 101: Pflanzmann-Bibel 1475; 102: Schnorr von Carolsfeld; 103: Bible moralisée, 14. Jh. ; 104: Pflanzmann-Bibel 1475; 105: Sorg-Bibel 1480; 106: Halberstädter Bibel 1522.

S. 106: Zitat Bibelfrüchte: Martin Luther aus: Die Bibel – überliefert und gelebt, S. 77; Idee Bibelbaum/ Bibelfrüchte umgesetzt durch G. Vidal, RPZ Ludwigshafen, im Rahmen einer Bibelausstellung 2000. Abbildung: Bibelmuseum Neustadt. Idee „Bibelstellen für besondere Situationen" basiert auf einer Grundidee von Dincklage/Diller: Unterwegs ..., Station 11.

S. 116f.: Konstantin von Tischendorf, Holzstich, 1853 © akg-images

Codex Sinaiticus © 2003 Deutsche Bibelgesellschaft, Qumran-Rolle © 2003 Deutsche Bibelgesellschaft

Fotos: Katharinenkloster, Qumran: Landgraf.

S. 117: Qumran-Fragment; Israelische Altertümerverwaltung, Jerusalem; Pilatus-Inschrift © akg-images/Jürgen Sorges.

S. 118f.: Abbildungen. Kursbuch Religion elementar, 2004, S. 62–65.

S. 121: Abbildungen Bibelmuseum Neustadt.

S. 122: Herkunft unbekannt.

S. 123: aus entwurf 1992/1.

S. 124f.: aus: M. Schilling, „Die Bibel – Begegnung mit einem gewöhnlichen Buch", Ernst Klett Verlag, Stuttgart 1996.

S. 127: Kanontafel © akg-images.

S. 128: Abbildung Hieronymus: aus „Altväter Leben" 1482, Bibelmuseum Neustadt.

S. 129: Abbildungen: Kursbuch Religion Elementar, 5/6 © Calwer Verlag 2004, S. 62–65.

S. 131: Abbildung: Armenbibel 1471, Faksimile aus dem Jahr 1905, Bibelmuseum Neustadt.

S. 132: Johannes Gutenberg © akg-images.

S. 133: Abbildungen aus Jost Ammans Ständebuch von 1568, Bibelmuseum Neustadt.

S. 134: Abbildung Zainer-Bibel 1475, Bibelmuseum Neustadt.

S. 135: Abbildung Luther Herkunft unbekannt.

S. 136 + 137 + 139 + 140: ReliBausteine Reformation.

S. 138: Psalm 23 aus der Mentelin Bibel 1466 und der Luther-Bibel von 1534, Bibelmuseum Neustadt.

S. 141: Konzil von Trient © akg-images.

S. 142: Abbildungen Bibelmuseum Neustadt.

S. 143: Voltaire, Gemälde von Largillière © akg-images/Erich Lessing; Philipp Jacob Spener © akg-images.

S. 144: Abbildungen Bibelmuseum Neustadt.

S. 145: Kinder lesen die Bibel in Ghana, Foto Landgraf.

S. 146: Bibel in gerechter Sprache, hrsg. von Ulrike Bail, Frank Crüsemann, Marlene Crüsemann, Erhard Domay, Jürgen Ebach, Claudia Janssen, Hanne Köhler, Helga Kuhlmann, Martin Leutzsch und Luise Schottroff, 1. Auflage 2006, © by Gütersloher Verlagshaus, Gütersloh, in der Verlagsgruppe Random House GmbH, Gütersloh.

S. 147: Foto und Abbildung: Deutsche Bibelgesellschaft.

S. 153: Karl Barth, 1955 © akg-images; Dietrich Bonhoeffer, aus „Dietrich Bonhoeffer – Bilder eines Lebens".

S. 154: Hanns Dieter Hüsch © picture-alliance dpa/dpaweb; Sören Aabye Kirkegaard, 1838, Zeichnung © akg-images.

S. 155: Abbildungen und Text: Zentralarchiv der Evangelischen Kirche der Pfalz, Dr. Gabriele Stüber.

S. 156: Foto Landgraf, Texte aus: Bibel heute 162, 2. Quartal 2005.

S. 158: Grolik, Löwensteiner Cartoonservice (LCS 2178).

S. 161: aus: Nick Page, Bibelblatt, Echter Verlag Würzburg 4. Auflage 2003, S. 114.

S. 163 + 165: aus Pfälzer Evangeliar.

S. 166: Fotos Landgraf, Wettbewerbsbeiträge der Realschule Schifferstadt unter Leitung von Claudia Magin.

S. 167 aus: Michael Landgraf/Erich Hollerith: Bibel uf Pälzisch, Heidelberg u.a. 2004.

S. 169: Abbildung Quelle unbekannt.

Ausgewählte Literatur und Medien zum Thema

Allgemeine Literatur und Bibeldidaktik

- Baldermann, Ingo: Biblische Didaktik. Die sprachliche Form als Leitfaden unterrichtlicher Texterschließung am Beispiel synoptischer Erzählungen, Hamburg 1963.
- Baldermann, Ingo: Bilder vom Reich Gottes – eine Hoffnung für Kinder? Elementare Zugangsmöglichkeiten zu Evangelientexten für Kinder, in: KBl. 116 (1991), 405–409.
- Baldermann, Ingo: Einführung in die Biblische Didaktik, Darmstadt 1996.
- Baldermann, Ingo: Ich werde nicht sterben, sondern leben. Psalmen als Gebrauchstexte, Neukirchen-Vluyn ²1994.
- Baldermann, Ingo: Kinder entdecken sich selbst in den Psalmen. Kinderfragen, die aufs Ganze gehen, in: Bibel und Kirche 56 (2001) Heft 1, 40–45.
- Beck, Eleonore/König, Paul: Meine Bilderbibel. Ein Buch von Gott und den Menschen, Konstanz 1986.
- Berg, Horst Klaus, Ein Wort wie Feuer. Wege lebendiger Bibelauslegung, München 1991.
- Berg, Horst Klaus: Freiarbeit im Religionsunterricht: Konzepte – Modelle – Praxis, Stuttgart/München 1997.
- Berg, Horst Klaus: Grundriss der Bibeldidaktik, Konzepte-Modelle-Methoden, München/Stuttgart 1993.
- Bucher, Anton: Religionsunterricht zwischen Lernfach und Lebenshilfe. Eine empirische Untersuchung zum katholischen Religionsunterricht in der Bundesrepublik Deutschland, Stuttgart, 3. Aufl. 2001.
- Früchtel, Ursula: Mit der Bibel Symbole entdecken, Göttingen 1991.
- Goecke-Seischab, Margarete Luise/Harz, Frieder: Bilder zu neutestamentlichen Geschichten im RU. Einführung in die Bilddidaktik und Ikonographie christlicher Kunst mit acht ausführlich kommentierten Bildbeispielen für Sechs- bis Zwölfjährige, Lahr 1994.
- Harz, Frieder: Die Bibel verstehen lernen – Anregungen zu einer religionspädagogisch verantworteten Rezeption historisch-kritischer Forschung, in: Werner Ritter/Martin Rothgangel (Hg.), Religionspädagogik und Theologie, Stuttgart u.a. 1998, 149–166.
- Hilger, Georg/Ziebertz, Hans-Georg: Allgemeindidaktische Ansätze einer zeitgerechten Religionsdidaktik, in: Georg Hilger u.a. (Hg.), Religionsdidaktik., München 2001, 88–101.
- Imbach, Josef: Lust auf die Bibel, Praxisorientierte Zugänge zur Heiligen Schrift, Würzburg 2000.
- Karle, Isolde: Die Bibel als Medium der Identitätsbildung. Überlegungen zum Umgang mit der Bibel im Religionsunterricht, in: ZPT 53 (2001), 18–22.
- Kaufmann, Hans-Bernhard: Muss die Bibel im Mittelpunkt des Religionsunterrichts stehen? in: H. Lenhard (Hg.), Arbeitsbuch Religionsunterricht, Gütersloh 1986, 232–234.
- Kliemann, Peter: Impulse und Methoden. Anregungen für die Praxis des RU, Stuttgart 1997.
- Knecht, Lothar/Knecht, Martin: Lebendige Bibelarbeit, Freiburg 1992.
- Kropac, Ulrich: Biblisches Lernen, in: Georg Hilger (Hg.), Religionsdidaktik. München 2001, 385–401.
- Landgraf, Michael/Wendland, Henning: Biblia deutsch. Bibel und Bibelillustration in der Frühzeit des Buchdrucks, Speyer 2005.
- Langer, Wolfgang: Bibelarbeit, in: Handbuch religionspädagogischer Grundbegriffe Bd. 1, Hg.: Bitter, Gerhard, u.a., München, 1986, 273-284.
- Neidhart, Walter/Eggensberger, Hans: Erzählbuch zur Bibel. Theorie und Beispiele, Zürich/Lahr 1984.
- Niehl, Franz Wendel: Warum geht es nicht mehr wie früher? Bibeldidaktische Anmerkungen zur Bewusstseinsverschiebung in den letzten dreißig Jahren, in: KatBl. 105 (1980), 569–580
- Nipkow, Karl Ernst: Elementarisierung als Kern der Unterrichtsvorbereitung, in: KatBl 111 (1986), 600–607.
- Noormann, Harry/Reilly, George: Zukunftsfähigkeit braucht kritische Hoffnung wie der Fisch reines Wasser, in: ru 27(1997)113–118.
- Oberthür, Rainer: Kinder fragen nach Leid und Gott. Lernen mit der Bibel im Religionsunterricht, München 1998.
- Ott, Rudi: Lernen in der Begegnung mit der Bibel, in: Bilanz der Religionspädagogik, Hg.: Hans-Georg Ziebertz/Werner Simon, Düsseldorf, 1995, 291–309.
- Reents, Christine: Die Bibel als Schul- und Hausbuch für Kinder, Göttingen1984.
- Stoodt, Dieter: Arbeitsbuch zur Geschichte des evangelischen Religionsunterrichts, Münster 1985.
- Theißen, Gerd: Zur Bibel motivieren. Aufgaben, Inhalte und Methoden einer offenen Bibeldidaktik, Gütersloh 2003.

Praxis des Unterrichts

- Alvoni, Ulrich: Schnellkurs Bibel – Das Buch der Bücher. Eine Einführung in 32 Schritten, Stuttgart 2002.
- Berg, Sigrid: Arbeitsbuch Weihnachten, Stuttgart 1988.
- Berg, Sigrid: Kreative Bibelarbeit in Gruppen – 16 Vorschläge, Stuttgart/München 1991.
- Bibellesebund, Biblischen Personen auf der Spur, Marienheide, o.J.
- Bibellesebund, Die Bibel entdecken, Marienheide, o.J.
- Bibellesebund, Die Bibel im Laufschritt, Marienheide, o.J.
- Bibellesebund, Rund um die Bibel, Marienheide, o.J.
- Bruns, Beate: Geschichten und Bilder aus biblischer Zeit, 1990.

- Bücken, Hajo: Mit Kindern die Bibel erleben. Reihe 8–13, Offenbach 1987.
- Busekist, Annika: Vier Evangelien, in: Religion, Unterrichtsmaterialien Sek. I, Aachen 2005.
- Das Kursbuch Religion 1, 138–158.
- Dincklage, Eleonore von/Diller, Andreas: Unterwegs durch die Bibel – Lernstraße in 17 Stationen für die Sekundarstufe, Stuttgart 1996.
- Eggenberger, H. u.a.: Die Bibel – überliefert und gelebt. Ein Medienpaket. Zürich 1987.
- Entwurf 1/ 92: Schwerpunkt Bibel.
- Fidge, Louis: Die Bibel, Arbeitsblätter 1/2, Mühlheim an der Ruhr 1996.
- Fidge, Louis: Die Bibel, Arbeitsblätter 3/4, Mühlheim an der Ruhr 1996.
- Freudenberg, Hans (Hg): Bibel – Auf Entdeckungsreise durch das Buch des Lebens, in: Freiarbeit mit Religionsunterricht praktisch, Bd. 1, Göttingen 2000.
- Freudenberg, Hans/Großmann, Klas: Sachwissen Religion, Kap. Bibelkunde, Göttingen 1991.
- Gastaldi, Silvia/ Musatti, Claire: Entdecke die Welt der Bibel, Neukirchen/ Stuttgart 2000.
- Gorbauch, Horst, u.a.: Stundenblätter Umgang mit der Bibel, Sekundarstufe II., Stuttgart 1990.
- Haas, Dieter/Vicktor, Gerhard: Spielideen zur Bibel, Anregungen und Beispiele für Schule und Gemeinde, Lahr 1988.
- Hecht, Anneliese: Bibel erfahren – Methoden ganzheitlicher Bibelarbeit, Stuttgart 2001.
- Keck, Dagmar (Hg): Der Bibel auf der Spur, in: Kreative Ideenbörse Religion Sekundarstufe I, Landsberg am Lech 2003.
- Klemm, Harald: Die Bibel als Grundlage des Glaubens, ein Unterrichtsentwurf für die 11. Jahrgangsstufe, Bd. 1 + 2, Erlangen 1996.
- KU Praxis 48, vol 1 + 2 – Die Bibel , Gütersloh 2005.
- Kursbuch Religion 2000, 5./6. Schuljahr, 1997, 102–109; 168–175.
- Kursbuch Religion Elementar 5/6, 60–68.
- Mack, Rudolf/Volpert, Dieter: Alte Bibel – Neue Fragen, Lahr 1983.
- Mack, Rudolf/Volpert, Dieter: Die Bibel – Anregungen für das Leben, Stuttgart 1998.
- Page, Nick: Bibelblatt, Würzburg 1999.
- Röser, Winfried: Bibel aktuell 5./ 6. Schuljahr, Horneburg 1996.
- Röser, Winfried: Bibel aktuell 7.–10. Schuljahr, Horneburg 1997.
- RPH 6/ 1985: Einführung in die Bibel, Speyer 1985.
- Schilling, Marlies und Jörg: Die Bibel – Begegnung mit einem ungewöhnlichen Buch, Sekundarstufe I, Stuttgart, München, Düsseldorf, Leipzig 1996.
- Schnabel, Wolfgang: Bibelkunde. Baukasten Konfirmandenarbeit I, Stockach 2001.
- Schönberger Hefte I/1989, Die Bibel im Religionsunterricht.
- SpurenLesen 5/6, 1997, 61–73.
- Wind, Renate: Die Bibel, Oberstufe Religion 11, Stuttgart 2002.
- Zimmermann, Mirjam und Ruben: Die Bibel – Vom Textsinn zum Lebenssinn, RE praktisch Sekundarstufe II, Göttingen 2003.
- Zugänge zur Bibel. Das ökumenische Werkbuch. Deutsche Bibelgesellschaft/Katholisches Bibelwerk Stuttgart 2002.
- Zwickel, Anke und Wolfgang: Himmelblau und Erdbeerrot – Erlebnisorientierte Modelle für Kinderbibeltage, Gütersloh 1999.

AV-Medien

Kurzfilme: Begegnung mit der Bibel, 1–21: Pro Film ca. 20 Min
Kurzfilme zu Sara und Abraham, Exodus, Rut und Noomi, Amos, Jeremia, Johannes der Täufer, Jesus vor Pilatus, Emmaus, Saul, Petrus und Paulus, Offenbarung, Noah, Josef, David, Geburtsgeschichte Jesu, Jesus, Philippus und der Kämmerer, Christenverfolgung, Augustin, Hieronymus. Vier DVDs (Deutsche Bibelgesellschaft).

Spielfilme: Die Bibel. Pro Film ca. 180 Min
Abraham, Jakob, Josef, Mose, Samson und Delilah, David, Salomon, Jeremia, Esther, Jesus, Paulus, Apokalypse, Maria.

CD-Roms:
Stuttgarter Multimedia Bibel
2 CD Roms mit Videos, Nachschlagewerken, Bibelquiz ...
BasisB
Neue Bibelübersetzung auf CDRom mit online-Portal
Adventure-Games, z.B.
- Geheimakte Jesus (Deutsche Bibelgesellschaft), Das Grab des Mose (Deutsche Bibelgesellschaft)
- Meersburger Bibelquiz (Bibelgalerie Meersburg)

ReliBausteine
Einführung – Materialien –Kreativideen
Herausgegeben von Michael Landgraf

Die Reihe ReliBausteine …

… basiert auf der Erfahrung, dass kein Unterricht gleich ist. Lehrende müssen ihr Konzept den Erfordernissen der jeweiligen Lerngruppe ständig anpassen. Dafür benötigen sie Bausteine, die Differenzierung und unterschiedliche Schwerpunktsetzungen zulassen.

… beleuchtet umfassend jeweils ein zentrales Thema des Religionsunterrichts. Dabei ist ein aufbauendes Lernen über Klassen- und Altersstufen hinweg möglich. Ein breiter Fundus von Materialien und Ideen lässt so auch eine langfristige Unterrichtsplanung zu.

… ist geeignet für den klassischen Unterricht, aber auch für die Umsetzung in offene Lernsituationen wie Lernstraßen, Stationen- oder Projektarbeit.

… bietet eine klare und praxisbezogene Struktur:

Einführung: Lehrende und Religionspädagogen/-innen in der Ausbildung erhalten einen Überblick über
– **methodisch-didaktische Fragestellungen** und Grundinformationen,
– eine fundierte **inhaltliche Einführung,** die hilfreich ist für Sachanalysen,
– Anregungen für Lernarrangements.

Materialien bieten ansprechende und sofort einsetzbare Kopiervorlagen für den Unterricht. Der Materialteil unterteilt sich in drei Abschnitte:
– **Zugänge** knüpfen an der Lebenswelt der Lernenden an und entwickeln die Grundfragen des jeweiligen Themas,
– **Entdeckungen** bieten eine Fülle von Bausteinen, die unterschiedliche Schwerpunkte des Themas differenziert entfalten,
– **Wege der Orientierung** bieten Materialien für die Frage nach einer tieferen Reflexion und kreativen Umsetzung und Vertiefung.
Kreativideen im Eingangs- und Schlussteil zeigen Möglichkeiten von Projektarbeit auf, die über den klassischen Unterricht hinausreichen.

… bietet Hilfen besonders für folgende **religionspädagogische Arbeitsfelder:**
☞ Religions- und Ethikunterricht ab der Klassenstufen 4–6, der Sekundarstufe I und II
☞ Konfirmanden- und Firmunterricht
☞ Jugendarbeit
☞ Erwachsenenbildung
☞ Studium

Bereits erschienen sind:
☞ Michael Landgraf: Religion Sekte oder?, 2. Auflage, Speyer und Stuttgart 2006
☞ Michael Landgraf: Reformation: Angst überwinden – Aufbruch wagen, Speyer 2004

In Vorbereitung sind Bände zu den Themen
☞ Diakonie   ☞ Judentum
☞ Kirche und Kirchen   ☞ Eine Welt

In der Reihe ReliBausteine sind bisher erschienen:

Michael Landgraf

Religion, Sekte, oder ... (ReliBausteine 1)

A4, 128 Seiten
2. aktualisierte Auflage
erscheint voraussichtlicht im Herbst 2006

ISBN 10: 3-7668-3920-9 (Calwer)
ISBN 13: 978-3-7668-3920-6 (Calwer)

ISBN 3-925536-72-8 (epv)

ISBN 10: 3-938356-10-3 (RPE)
ISBN 13: 978-3-938356-10-4 (RPE)

In der „Hitparade" der Themen, die Schüler und Eltern vom Religionsunterricht erwarten, haben „Sondergemeinschaften und Sekten" einen hohen Stellenwert. Schwerpunkt des Buches bildet die Auseinandersetzung mit den Formen neuer Religiosität und den Angeboten religiöser Sondergruppen.

Michael Landgraf

Reformation. Angst überwinden – Aufbruch wagen (ReliBausteine 2)

A4, 124 Seiten

ISBN 10: 3-7668-3921-7 (Calwer)
ISBN 13: 978-3-7668-3921-3 (Calwer)

ISBN 3-925536-88-4 (epv)

ISBN 10: 3-938356-11-1 (RPE)
ISBN 13: 978-3-938356-11-1 (RPE)

Die Reformation ist ein Dauerbrenner über die Jahrhunderte hinweg. Nach reformatorischem Verständnis ist sie nie zu Ende. Besonders an Jubiläen wie dem 475. Jubiläum der Augsburger Konfession im Jahr 2005 kommt das Thema Reformation damals und heute wieder in den Blick.
Michael Landgraf, Leiter des Religionspädagogischen Zentrums in Neustadt/Weinstraße, hat Materialien für den Unterricht und die Erwachsenenbildung erarbeitet. So geben u. a. 83 bebilderte Arbeitsblätter und ein Spiel Impulse für die Arbeit mit Jugendlichen und Erwachsenen.